발화-인지 실험 음성학 논문집 I

발화-인지 실험 음성학 논문집 I

강 석 한

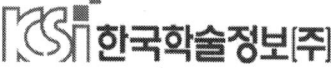

강석한

학 력
제주대학교 영어교육과 학사
University of Wisconsin-Milwaukee
　　　　　　　언어교육 석사(영어교육전공)
연세대학교 영어영문학과 박사(음성 / 음운론 전공)

경 력
전 김포 여자 고등학교 교사(영어)
　제주관광대학 실무영어과 전임강사
　국민대학교 시간강사
　성결대학교 시간강사
　연세대학교 시간강사
현 인천대학교 초빙교수

연구 지원 수혜
2004-2005 신진연구인력 장려 지원 사업(학술진흥재단)

서 문

2005년 말부터 2006년 전반기까지의 발화와 인지에 대한 음성/음운론 발표 논문 중 주요한 몇 가지를 모아 보았다. 발표 논문을 살펴보면 미흡하다는 생각이 앞서지만, 시간이 흐를수록 질이 향상되고 있다는 것을 위안으로 삼아 감히 출판을 하였다. 아직도 발화와 인지 관련성 연구는 초보 단계임에 틀림이 없다. 관련 연구가 1950, 1960년대 파열음을 중심으로 이루어온 것은 사실이지만, 이는 어디까지나 영어 파열음의 VOT를 중심으로 이루어진 순수 음성학적 실험이었다.

기존의 성과를 기반으로 이제는 연구의 범주 전환이 필요한 시점에 도달하였다. 우리나라의 영어 교육은 엄청난 자본과 물량이 투여되었음에도 불구하고 만족할 만한 성과기 보이지 않고 있는 것은 사실이다. 특히 언어 교육의 가장 핵심이 되는 발음과 듣기 분야에 대하여는 기초 연구가 매우 빈약하고, 연구 결과가 존재하더라도 현상만을 짚을 뿐 근본적인 원인을 제시하지 못하고 있다. 이는 미국과 캐나다의 이민자를 대상으로 이루어진 ESL(English as a Second Language)로서의 영어 교육 측면에서만 살펴보기 때문이고 학문적으로도 음성학보다는 사회 언어학이 주로 적용되지 않나 여겨진다. 이제는 EFL(English as a Foreign Language)인 한국 고유의 상황에게, 음성학과 음운론, 언어 인지심리학의 도움을 받아야 할 때가 온 것이다.

본 논문집은 일관되게 발화와 인지와의 관계를 추적하고 있다. 배경 언어별(영어, 한국어, 중국어), 수준별(영어실력 우수자, 비-우수자), 연령별(대학생, 초등학생), 경험별(해외 체류자 및 미 체류자)로 연구를 진행하였고, 자료 측면에서도 환경별(어두, 어중, 어말), 강세별(강약, 약강), 음운현상(탄설음화, 비탄설음화)등 여러 가지 변수를 사용하였다. 그러나 아직도 미흡함은 여전하고 가야 할 길은 많이 남겨져 있다. 내년도 연구 논문집에 새로운 연구 내용이 실릴 것을 약속한다. 가끔은 인생살이에 힘들 때 왜 사는지를 깨우쳐주는 아들 강봉준 어린이와 아내, 그리고 팔순 노모님께 감사함을 전하고 싶다. 오직 먼 훗날 고향 제주도 시골 농장에서 잡초를 매는 꿈을 꾸어본다. 본 연구는 학술진흥재단 신진 연구 장려 지원(KRF-2004-908-A00059)을 받았다.

2006년 11월 저자 씀

목 차

서문 / 5

Ⅰ. Praat을 이용한 인지 실험 방법론 ·······························9
  1. 화자의 선정 및 목표음 선정 ·······················11
  2. 자극음 구성 ·······································11
  3. 인지 실험용 텍스트 파일 구성 ·······················14
  4. 인지 실험 수행 ·······································17
  참고문헌 ···24

Ⅱ. 영어 파열음 후두대조 구현화에 대한 신호인허

      (Licensing by Cue) 가설 검증 ·······················25
  1. 서론 ···26
  2. 파열음 후두자질 구현 ·······························27
  3. 실험 및 분석 ·······································30
  4. 토론 ···39
  참고문헌 ···42

Ⅲ. 영어파열음 시구간신호의 음향과 지각 비대칭성 연구 ·········43
  1. 서론 ···45
  2. 발화 실험 ···48
  3. 청각 실험 ···52
  4. 토론 및 결론 ···63
  참고문헌 ···66

Ⅳ. 다양한 수준의 한국인 영어 학습자의

      영어 파열음의 구간신호 지각 연구 ·······················69
  1. 서론 ···71
  2. 연구 방법 ···73

3. 연구 결과 ··81
4. 토론 및 결론 ···99
참고문헌 ···102

V. 언어별, 연령별, 수준별 집단에 의한 모음간
　　영어 파열음 유 / 무성 인지 연구 ·····················105
1. 서론 ···107
2. 실험 방법 ··109
3. 결과 및 토의 ··115
4. 결론 ···123
참고문헌 ···125

VI. Effects of Language, Age and English Listening Level
　　on Voicing Perception of English Final Stops ·······129
1. Introduction ··131
2. Methods ···136
3. Result and Discussion ··144
4. Conclusion ···153
References ···155

VII. A CROSS-LINGUISTIC STUDY OF THE PERCEPTION OF
　　THE VOICING CONTRAST IN ENGLISH PLOSIVES ··159
1. INTRODUCTION ···161
2. METHODS ···165
3. RESULTS ···178
4. CONCLUSION ···200
References ···204

Praat을 이용한 인지 실험 방법론

I

Ⅰ. Praat을 이용한 인지 실험 방법론

Praat을 이용한 인지 실험은 다른 합성기에 비하여 여러 측면에서 우수한 프로그램이다. 특히, 무료로 이용할 수 있고 노트북 컴퓨터로도 사용이 가능하며, 통계 처리도 비교적 손쉽게 할 수 있다는 점에서 대학원생뿐만 아니라 음성/음운, 영어교육 학자들에게도 인지 실험용으로 매우 적합하다.

일반적으로 인지 실험은 판별 실험(identification test)과 구별 실험(discrimination test)으로 구분한다. 판별 실험은 청자들이 한번에 한 자극씩을 그것을 판별해 쓰고, 만약에 확신이 없는 경우에는 추측으로 선택하도록 한다. 만약에 피험자가 제한된 응답만을 강요하면 이는 제한선택테스트(forced choice test)라고 부른다. 반면에 구별 실험은 두 개의 자극이 같거나 다르다고 응답하기만 하면 된다. 대표적인 것이 ABX양식인데 각 세트에서 피험자들은 한 자극(A)과 다른 자극(B), 그리고 이 두 자극 중하나와 동일한 세 번째 자극(X)을 듣는다. 피험자의 임무는 X가 A와 같은지 B와 같은지를 정하는 것이다.

Praat 인지 실험은 어떤 형태의 실험이든 가능하다. 그러나 지면상 인지 실험에 보편적으로 쓰이는 제한 선택 테스트를 위주로 설명해 나가겠다. 우선 인지 실험 단계는 다음 과정을 거친다. 즉, 화자의 선정→자료음 선정→자극음 구성→스크립트 구성→실험→통계 분석 순으로 진행된다. 주어진 예는 각 구간신호에 대하여 어두 파열음 유/무성 인지 실험을 재구성한 것이다.

1. 화자의 선정 및 목표음 선정

화자 및 자료음 선정은 가장 중요한 단계이다. 왜냐하면 인지 실험은 주어진 자극음이 가장 보편적인 음이라고 가정하기 때문에 만약 원자료음이 잘못 선정이 되면 인지 실험은 아무런 가치도 없다. 따라서 목표 화자를 선정하기 위해서는 여러 명의 화자를 녹음한 다음 가장 평균값에 유사한 피험자 및 자료음을 선정한다. 녹음은 방음실에서 디지털 녹음기를 이용하여 하도록 권장한다.

2. 자극음 구성

우선 원자료음을 Praat 파일로 끌어올린다.

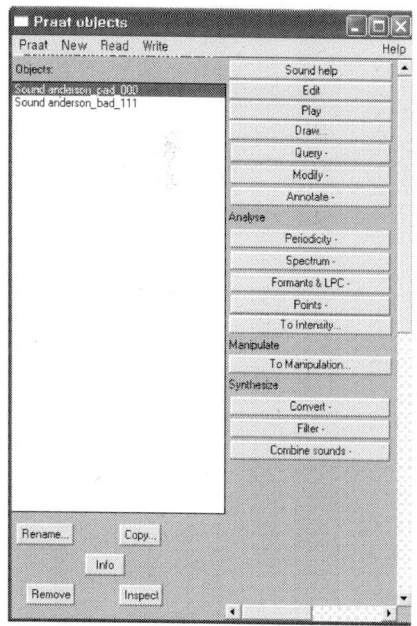

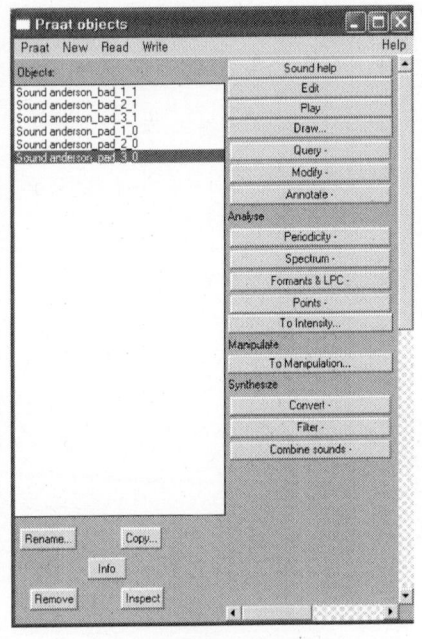

이 원자료음을 각 구간별로 절단한다. 구간별 절단이란 영어 파열음인 경우 어두에서 '폐쇄구간(혹은 폐쇄중 유성구간) - VOT-후행모음구간'이 순서적으로 출현한다고 보아서 각 신호별로 나눈 것이다. 당연히 어두의 폐쇄구간신호에 대하여는 음성학적인 논란이 있지만, 이는 '유성 선행 (voice lead)'인 경우에 나타나는 '폐쇄중 유성구간'의 유/무성 인지에 미치는 영향을 파악하기 위한 것이다. 자세한 내용은 강석한(2005)을 참고하기 바란다.

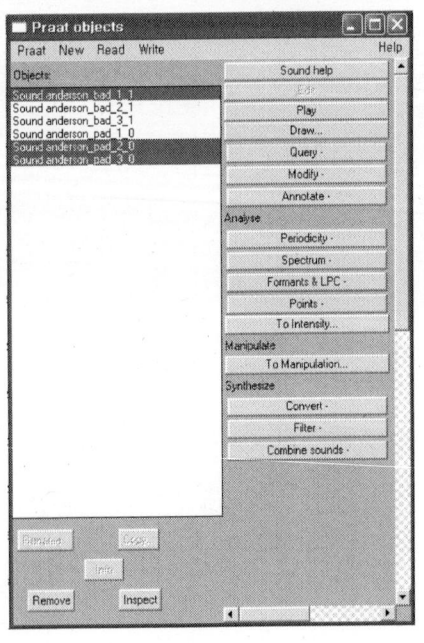

다음 단계는 각 구간신호별로 자극음을 구성하는 것이다. 다음 예는 '무성 폐쇄구간+유성 VOT+유성 후행모음' 구간으로 이루어진 자극음을 생성하는 과정이다. Ctrl 키를 누른 상태에서 목표된 원자료음을 클릭한다. 그러면 다음과 같은 화면이 보일 것이다.

이 상태에서 'combine sound'의 'concatenate' 를 누르면 다음 같이 'sound chain'이라는 합성음이 생성된다. 잊지 말아야 할 것은 제 대로 합성이 되었는지 웨이브 폼과 소리를 들어보면서 확인을 해야 한다.

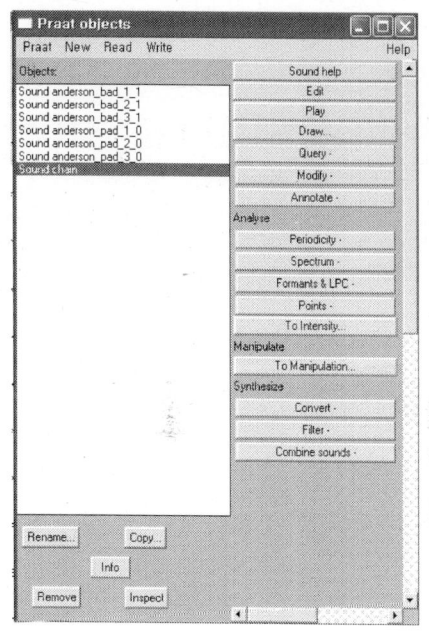

'sound chain' 파일에서 'edit'를 누르 면 다음과 같은 자극음 웨이브 파형이 보 인다. 이를 'pbad_100'으로 명명해두자. 이는 맨 앞에 출현하는 폐쇄구간이 유성음, VOT구간이 무성음, 모음구간이 무성음으 로 짜여져 있다는 것을 의미한다. 이 파일 의 웨이브 폼은 아래와 같다.

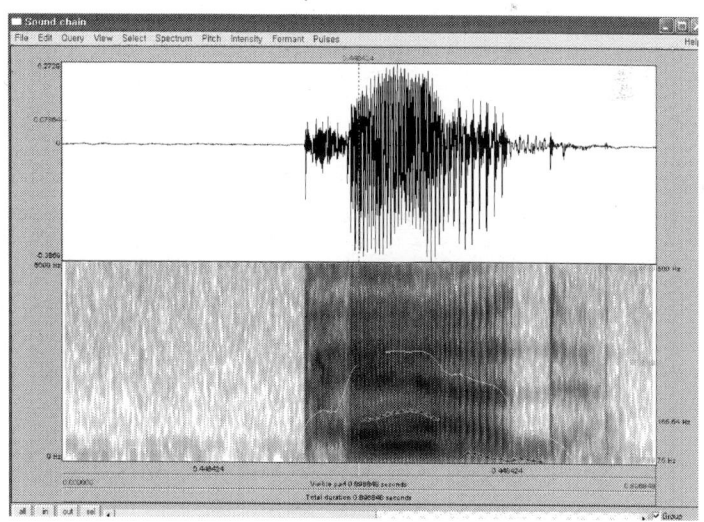

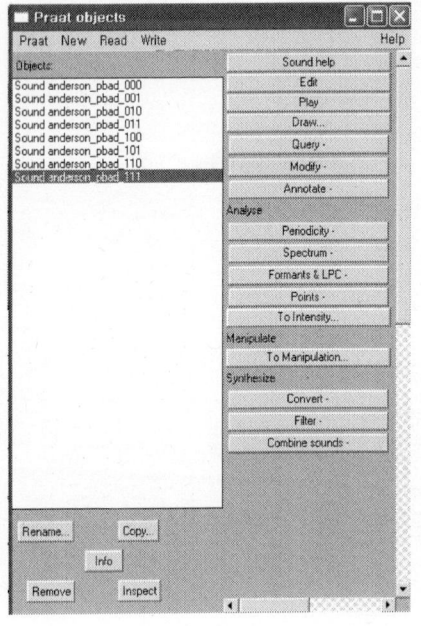

이를 'file'의 'write selection to WAV file' 항목을 찾아 'pbad_100'으로 저장한다.

이런 과정을 거쳐서 양순음인 경우 어두에서 모두 8개의 자극음이 형성된 것을 확인할 수 있다.

이제는 각 자극음이 제대로 저장이 되었는지 확인하고 초기 화면으로 돌아간다.

3. 인지 실험용 텍스트 파일 구성

다음으로 'perceptiontest_pbad.txt' 파일을 형성해야 한다. 이는 이 인지 실험에서 가장 중요한 부분이다. 다음은 본 실험의 예이며, 이 파일은 그대로 복사하여 사용할 수 있다. (단 '→'는 설명을 나타낸다.)

"ooTextFile"
"ExperimentMFC 3"   → 인지 실험 *프로그램명*
fileNameHead = " / "   → *읽어야 될 파일 시작*
fileNameTail = ".wav"   → *읽어야 될 파일 끝*
carrierBefore = "   "

carrierAfter = "   "

initialSilenceDuration = 1 seconds → *자극음 이전 묵음 기간(변경 가능)*

interStimulusInterval = 1 seconds → *자극음 이후 묵음 기간(변경 가능)*

numberOfDifferentStimuli = 8   → *자극음의 수(변경 가능)*

  "anderson_pbad_000"

  "anderson_pbad_001"

  "anderson_pbad_010"

  "anderson_pbad_011"

  "anderson_pbad_100"

  "anderson_pbad_101"

  "anderson_pbad_110"

  "anderson_pbad_111"

numberOfReplicationsPerStimulus = 3

→ *반복 횟수*

breakAfterEvery = 12

→ *몇 자극음마다 휴식 표지 여부*

randomize = ⟨PermuteBalancedNoDoublets⟩

→ *무작위 여부*

startText = "Click to start."

→ *인식 실험 초기화면*

runText = "Choose the word that you heard."

→ *초기 다음 화면*

pauseText = "You can have a short break if you like. Click to proceed."

→ *중간 휴지화면*

endText = "Please move on to the next session."

→ *종료 화면*

numberOfResponseCategories=2

→ 인지 실험 대상 음소

0.2 0.4 0.4 0.6 "P a d" "   " "0"

→ 화면상의 음소 좌표 및 기호

0.6 0.8 0.4 0.6 "B a d" "   " "1"

numberOfGoodnessCategories=0

→ 실험의 적정성 여부

다음은 'read_perceptiontest_files.txt' 파일을 작성한다. 그예는 다음과 같다.

\# Word-initial

Read from file……C: \ Documents and Settings \ 바탕화면 \ Perception \ perceptiontest_anderson_pbad.txt

지금까지 작업으로 일단 작업이 종료된다. 지금까지 작업을 한 파일에 모아본 것이다.

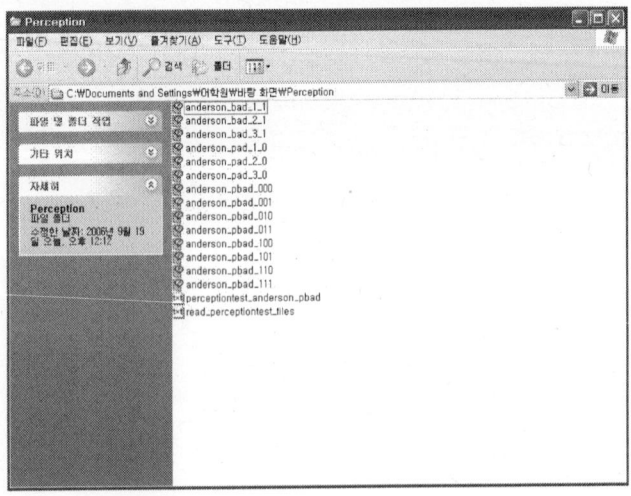

4. 인지 실험 수행

이제 실험으로 들어가도록 하자. 우선 피험자에게는 헤드셋을 쓰도록 하거나 적절한 오디오 장치를 마련한다. 그런 다음 Praat 프로그램을 실행한다. 여기서 'Prrat Object'의 'Praat' 중에 'Open Praat Script'를 선택한다. 그런 다음 'read_perceptiontest_files'를 누른다.

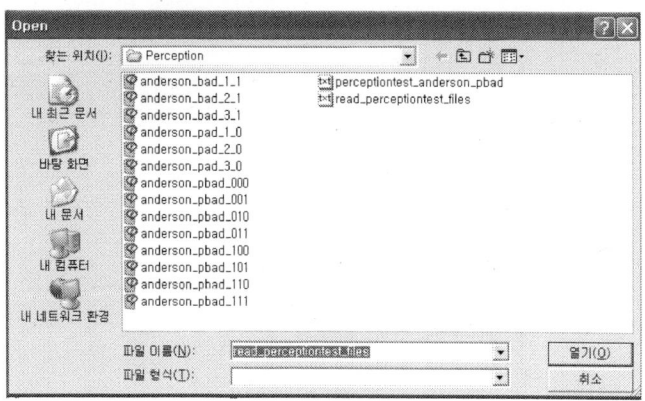

그러면 다음 Praat 화면이 뜬다. 다음은 'Run ctrl-R'을 누른다.

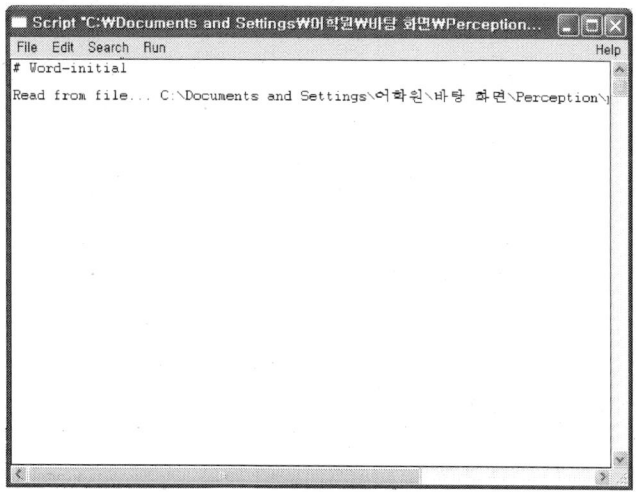

다음 화면이 보인다.

다음은 'Run'을 누른다.

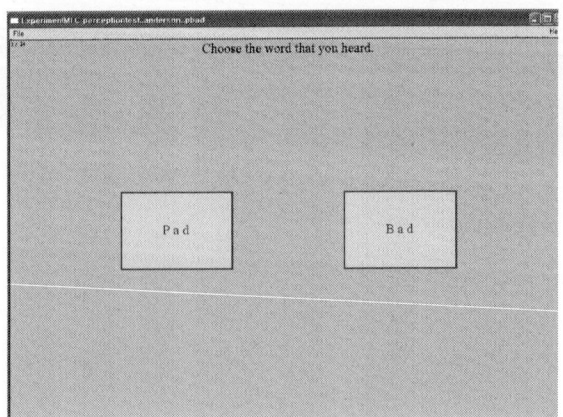

피험자는 들리는 대로 마우스로 클릭만 하면 된다. 실험이 종료된 다음은
이 결과를 txt파일로 저장하고 통계 처리를 해야 한다. 실험이 끝난 후,
Prrat 초기 화면으로 돌아와서 'Extract'를 누른다.

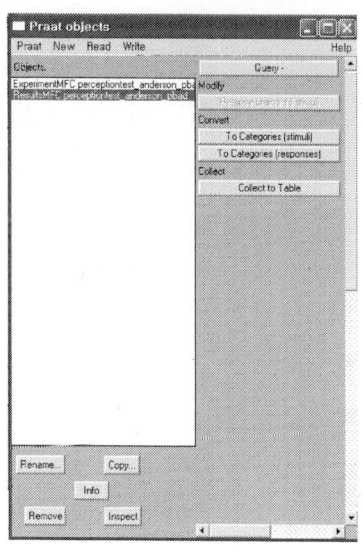

'Write'에서 'write to txt file'를 선택한다. 그러면 다음과 같은 화면
이 뜬다.

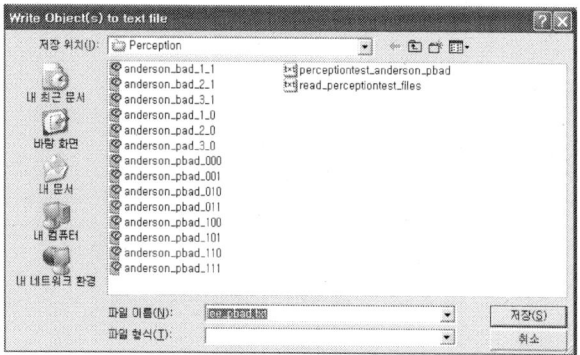

파일이름을 적당하게 작성하여 저장한다. 대개는 이름의 영문 이니셜로 처리하는 경우가 많다. 저장된 텍스트 파일은 다음과 같은 형태로 되어 있다.

File type = "ooTextFile"
Object class = "ResultsMFC 1"

numberOfTrials =24　　　　　　→ *자극음의 개수*
result 〔　〕:
　result 〔1〕:　　　　　　　　→ *첫 번째 자극음 인지 실험 결과*
　　stimulus = "anderson_pbad_010"
　　　　　　　　　　　　　　　→ *자극음 파일명*
　　response = "0"　　　　　　→ *피험자 반응(이 경우 무성음 반응)*
　　goodness =0　　　　　　　→ *실험 적정성 여부(적정함)*
　result 〔2〕:
　　stimulus = "anderson_pbad_111"
　　response = "0"
　　goodness =0
　result 〔3〕:
　　stimulus = "anderson_pbad_000"
　　response = "0"
　　goodness =0
　result 〔4〕:
　　stimulus = "anderson_pbad_101"
　　response = "1"
　　goodness =0
　result 〔5〕:
　　stimulus = "anderson_pbad_001"

response= "0"

goodness=0

result [6]:

  stimulus= "anderson_pbad_011"

  response= "1"

  goodness=0

result [7]:

  stimulus= "anderson_pbad_100"

  response= "1"

  goodness=0

result [8]:

  stimulus= "anderson_pbad_110"

  response= "0"

  goodness=0

result [9]:

  stimulus= "anderson_pbad_010"

  response= "1"

  goodness=0

result [10]:

  stimulus= "anderson_pbad_000"

  response= "0"

  goodness=0

result [11]:

  stimulus= "anderson_pbad_100"

  response= "1"

  goodness=0

result [12]:

```
    stimulus = "anderson_pbad_001"
    response = "0"
    goodness = 0
  result [13]:
    stimulus = "anderson_pbad_110"
    response = "0"
    goodness = 0
  result [14]:
    stimulus = "anderson_pbad_011"
    response = "1"
    goodness = 0
  result [15]:
    stimulus = "anderson_pbad_111"
    response = "0"
    goodness = 0
  result [16]:
    stimulus = "anderson_pbad_101"
    response = "1"
    goodness = 0
  result [17]:
    stimulus = "anderson_pbad_110"
    response = "0"
    goodness = 0
  result [18]:
    stimulus = "anderson_pbad_111"
    response = "1"
    goodness = 0
```

result〔19〕:
  stimulus = "anderson_pbad_000"
  response = "0"
  goodness = 0
result〔20〕:
  stimulus = "anderson_pbad_011"
  response = "1"
  goodness = 0
result〔21〕:
  stimulus = "anderson_pbad_001"
  response = "0"
  goodness = 0
result〔22〕:
  stimulus = "anderson_pbad_100"
  response = "1"
  goodness = 0
result〔23〕:
  stimulus = "anderson_pbad_101"
  response = "0"
  goodness = 0
result〔24〕:
  stimulus = "anderson_pbad_010"
  response = "1"
  goodness = 0

  24개 자극음에 대하여 무성반응은 '0'으로 유성 반응은 '1'로 되어 있다.
이제 이 결과를 가지고 통계 처리한다.

참고문헌

강석한. 2005. 영어 파열음 유,무성성의 발화와 인지의 비대칭성 연구. 연세대학교 박사
학위 논문.

영어 파열음 후두대조 구현화에 대한 신호인허 (Licensing by Cue) 가설 검증

II

Ⅱ. 영어 파열음 후두대조 구현화에 대한 신호인허(Licensing by Cue) 가설 검증*

1. 서 론

본 연구는 CV, VCV, VC 환경에서, 어떤 음향신호가 영어 파열음의 대조를 이끌어 내는지를 살펴보려고 한다. 그리하여, 각 환경에서의 음소를 결정하는 주요한 음향신호는 극소수로 환경마다 각기 다르게 존재하며, 이 극소수의 주요한 음향신호가 음운론적인 대조를 가져온다고 주장한다. 이는 신호인허가설(Licensing by Cue, Steriade 1995, 1997)에서 주정된 다는 이론과 배치된다. 즉 본 논문은 '정보의 질(the quality of acoustic information)'에 의하여 음대조를 갖고 온다고 주장하며, 이는 청각과 밀접한 관계가 있기 때문으로 보인다.

신호인허가설의 주요한 생각은 음향신로를 작게, 혹은 적게 포함하는 환경에서는 인식도가 낮기 때문에, 중화가 쉽게 이루어진다는 것이다. 즉 예를 들어 VCV 환경에서는 폐쇄중 유성(closure voicong), 폐쇄구간(closure duration), 파열구간 및 진폭(burst duration and amplitude), 선행모음의 F0와 F1, 후행모음에서의 F0와 F1 수치, F2전이, 이런 신호들의 정보량이 풍부하면, 음의 대조를 가져오고, 반대의 경우는 중화를 가져온다

---

* 본 논문은 한국언어학회 2005년 겨울 학술대회(2005.1.31~2.2. 고려대학교 국제관)에서 발표되었다.

는 것이다. 그러나 본 논문은 극히 일부의 주요 신호의 단독 혹은 복합만
이 음대조를 가져오고, 기타 여러 신호들은 음대조에 거의 영향을 미치지
못한다고 주장한다. 예를 들어, VCV 환경에서는 '폐쇄중 유성(closure
voicong)'을 제1신호, '폐쇄구간(closure duration)'을 제2신호로 하여,
이 두 신호만이 음대조를 가져오며, 나머지 신호들은 거의 음대조를 가져오
지 못할 뿐 아니라, 이 두 개의 신호도 단일 신호로 존재하기보다는 복합신
호가 되었을 때 음대조에 영향을 더 미친다고 주장한다. 이는 인간의 청각
과 관련된 것으로, 음을 인지할 때는 오직 주요한 복합신호에 의지하는 경
향이 있기 때문이다. 따라서 신호인허가설에서의 '정보의 양'에 의한 신호가
설을 '정보의 질'에 의한 신호가설로 전환이 필요하다.

2. 파열음 후두자질 구현

1) 운율인허가설(Licensing by Prosody)과
신호인허가설(Licensing by Cue)

영어 파열음의 유 / 무성 대조는 모든 환경에서 일어난다.

① 유 / 무성 대조
    a. pob   bob
    b. zipper   fiber
    c. mop   mob
    d. mobster   quipster

최근에 영어의 유 / 무성 대조를 설명하는 음운이론은 크게 두 가지로 접
근할 수 있다. 하나는 운율인허가설(Licensing by Prosody)이며, 다른

하나는 신호인허가설(Licensing by Cue)이다. 운율인허가설은 후두자질을 인허받기 위해서는 동일음절 내의 공명음 앞에 파열음이 위치하여야 한다.

② 후두제약(Laryngeal Constraint)(Lombardi 1991)

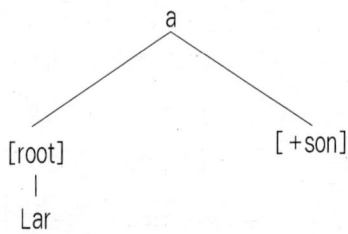

이 후두제약(Laryngeal Constraint)에 의하면, 후두자질(laryngeal feature)은 공명음 앞에서만 인허받는다. 만약에, 후행음이 저해음이면, 후두자질은 인허를 받지 못하기 때문에 중화가 일어난다. 그러나 영어처럼 어말이나, 저해음 앞에서도 인허를 받게 되는 경우는 어말예외(final exceptionality)로 설명을 하고 있다. 즉 공명음 앞뿐만 아니라, 어말인 경우에도 예외적으로 인허를 받게 된다는 것이다(e.g. English, Khasi, etc.).

그러나 이런 음절 내에서의 위치에 의한 대조/중화의 관계는 Steriade (1995, 1997)에 의하여 강력한 도전을 받는다. 그녀에 의하면, CV 환경에서의 폐쇄음 중화/대조는, 공명음 앞에 위치하기 때문이 아니라, 후행공명음이 지니는 음향신호들-VOT, burst amplitude, F1, F0 등-차이가 폐쇄음 대조를 가지고 온다는 것이다. 예를 들어, 유성인식도 이러한 정보량의 차이에 의하여 환경별로 순위가 결정된다고 보았다.

③ 환경별 유성인식 순위(Steriade, 1997)

V_[+son] ▷ V_# ▷ V_[-son] ▷ {[-son]_[-son], [-son]_#, #_[-son]}

　범언어적으로, 어말보다는 모음과 공명음 사이에서 더 활발하게 대조가 일어나고 있음을 보여주고 있는데, 그녀는 폐쇄음의 신호정보량이 그음을 특징 짓는다고 주장하여 왔다. 즉 영어 파열음 유/무성 인식은 신호정보량에 의지하며, 이 환경음성 신호-VOT 수치, burst duration, amplitude, 후행모음의 F0 and F1 value, 후행모음구간, 선행모음구간, 선행모음의 F0, F1 구간-와 내부신호-closure duration, closure voicing-의 다소가 음의 대조/중화를 불러온다는 것이다(1997:9).

　그러나 본 논문의 주장은 신호가 환경신호에 속하든, 내부신호에 속하든 지간에 한두 개의 극소수의 신호만이 음대조를 이끌어 내며, 나머지 신호들은 거의 음운론적인 대조에 역할을 못한다고 주장한다. 그리고 그 한두 개의 주요한 신호도 단일로 존재하기보다는 복합적으로 존재할 때 음대조를 더 강력히 가져온다.

2) 영어 파열음 음향신호

영어파열음의 음향신호는 다음과 같이 정리할 수 있다.

④ 영어 파열음 음향신호

환 경	신 호	분 류	출 전
CV	VOT	환경신호	Lisker & Abramson 1970
	F1 formant value	환경신호	Soil 1981, Massaro & Cohen
	release amplitude	환경신호	Repp 1979
	F2 formant transition	환경신호	Delattre, Liberman & Cooper, 1955
	후행F0	환경신호	Plauche 2001
	후행모음길이	환경신호	Plauche 2001

환 경	신 호	분 류	출 전
VCV	closure duration	내부신호	Massaro & Cohen, 1983
	closure voicing	내부신호	Dommelen 1982
	release burst	환경신호	Lisker & Abramson 1970
	선행모음길이	환경신호	Soil 1981, Massaro & Cohen 1983
	후행모음길이	환경신호	Alaskary 2001
	후행 F1 value	환경신호	Klatt 1987
	후행 F0	환경신호	Alaskary 2001
VC	선행모음길이	환경신호	Soil 1981, Massaro & Cohen 1983
	F1 value	환경신호	Soil 1981, Massaro & Cohen 1983
	closure duration	환경신호	Massaro & Cohen, 1983
	closure voicing	내부신호	Dommelen 1982
	release burst	내부신호	Castleman & Diehl 1996
	burst amplitude	환경신호	Summers 1988

본 논문은 이 중에서 극소수 신호만이 음운대조에 기여한다고 가정한다. 이를 알아보기 위하여 발화 실험과 청각 실험을 병행하였다.

3. 실험 및 분석

1) 발화 실험

(1) 실험 환경

실험은 미국출신의 원어민 남성 1명(나이 32, 한국 거주 2년)을 대상으로 실시하였다고 음운대조를 이루는 단어 86개가 제시되었고, 'take____, for example'이라는 문장 속에 단어를 넣어서 읽도록 하였다. 발화자들은 방음 처리된 학교 방송실에서 Shure SM10A 마이크와 Sony DAT TASCAM DA-P1을 이용하여 44㎑로 녹음하였다. 이를 Cool Edit 2.0을 이용하여 44㎑, 16bit로 wav. 파일로 전환하였다. 그리고 분석은 Praat 4.2.31로 분석하였다.

자료분석에 이용된 단어는 각 환경에 따라 11단어에서 69단어까지 다양 하며, 이를 SPSS 12.0으로 분석하였다. 유의도 검증은 독립표본 T-검정 (independent sample t-test)과 단방향 ANOVA(one-way-ANOVA) 를 이용하였다.

(2) 결 과

⑤ 전체 환경에 대한 독립표본 T-검정

실험결과분석에 의하면, 영어 파열음 유/무성은 전체적으로 '파열구간'(p ⟨ 0.000), '폐쇄중 유성'(p⟨0.000), '파열 진폭'(p⟨0.004), '선행모음 F0'(p⟨0.029) 부분에서 유의미한 차이를 보이는 것으로 분석되었다. 따 라서 영어 유/무성대조 신호는 다음과 같이 정리할 수 있다.

⑥ 유/무성 대조 신호 서열(전체 환경)

파열구간(aspiration duration)⟩폐쇄중 유성(closure voicing)⟩파열 진폭(aspiration amplitude)⟩성행모음 F0(VIF0)

위 (6)의 결과를 보면 파열구간이 유/무성을 결정짓는 주요인으로 보이 며, 폐쇄중 유성, 파열진폭, 선행모음 F1은 대체신호로 해석할 수 있다. 다 음은 환경에 따른 유/무성 차이를 분석하였다. CV, VCV, VC 각 환경에 의하여 결과를 분석하여 보았다. CV 환경에서는 다음과 같은 결과가 나타 났다.

⑦ CV 환경에서의 독립 표본 T-검정

위의 결과는 '파열구간'(p < 0.000), '후행모음 F0'(p < 0.050)만이 유의미한 결과를 보여주었으며, 파열구간이 주신호로, 후행모음 F0가 보조신호로 볼 수 있다.

VCV 환경에서의 자료 분석은 다음과 같이 나타났다.

⑧ VCV 환경에서의 독립 표본 T-검정

위의 결과에 의하면 폐쇄중 유성(p < 0.002), 파열구간(p < 0.020)만이 VCV 환경에서 파열음의 유/무성 대조에 기여한 것으로 나타났으며, 순서는 폐쇄중 유성이 주신호이고, 파열구간이 보조신호임을 알 수 있다. VC 환경에서는 다음과 같은 결과가 도출되었다.

⑨ VC에서의 독립 표본 T-검정

VC 환경에서는 '파열진폭'(p < 0.006)으로 유의미한 결과를 얻었으며, 다른 신호들은 별 의미를 얻지 못했다. 따라서 결과들을 정리하면 다음과 같다.

⑩ 파열음 환경별 제1/제2신호

	CV	VCV	VC
제1신호	파열구간	폐쇄중 유성	파열진폭
제2신호	후행모음 F0	파열구간	

위의 결과에 의하면, 극히 극소수의 신호만의 영어 파열음 유/무성 대조를 갖고 오는 것으로 결과가 나왔다. 이 결과를 이용하여, 주신호인 제1,

제2신호를 조작하였을 때, 과연 인식 구분에 영향을 미칠 수 있을까 하는
점을 살펴보았다. 이를 위하여 인식 실험을 시행하였다.

2) 인식 실험

인식 실험은 다음과 같은 신호조작을 통하여 만들어진 조작단어를 피
험자가 듣고 유성／무성을 구분하는 실험을 하였다. 인식 실험의 목적은
발화 실험에 의한 결과가 인식 실험과 일치하는지를 알아보기 위함이다.
이를 위하여 발화 실험에서 유의미하다고 판단된 신호들을 다음과 같이
조작하였다.

⑪ 신호조작

환 경	신 호	유 형	조작 인식 실험
CV	VOT	환경신호	1) closure+vot+V
			2) closure+vot+40%+V
	closure duration	내부신호	3) closure+vot+70%+V
			4) closure+vot+130%+V
	F1 formant transition	내부신호	5) closure+vot ampli 40%+V
			6) closure+vot ampli 70%+V
			7) closure+vot ampli 130%+V
	후행F0	환경신호	8) closure+vot+f0 40%
			9) closure+vot+f0 70%
	후행모음길이	환경신호	10) closure+vot+f0 130%
			total variable-10

VCV	closure duration	내부신호	1) V1+closure duration 　(voicing)+release burst+V2 2) V1 40%+closure duration 　(voicing)+release burst+V2
	closure voicing	내부신호	3) V1 70%+closure duration 　(voicing)+release burst+V2 4) V1 130%+closure duration 　(voicing)+release burst+V2
	release burst	환경신호	5) V1+closure duration 　(voicing)40%+release burst+V2 6) V1+closure duration 　(voicing)70%+release burst+V2
	선행모음길이	환경신호	7) V1+closure duration 　(voicing)130%+release burst+V2 8) V1+closure duration 　(voicing)+release burst+V2 40%
	후행모음길이	환경신호	9) V1+closure duration 　(voicing)+release burst+V2 70% 10) V1+closure duration 　(voicing)+release burst+V2 130%
	후행 F1transition	환경신호	11) V1+closure duration 　(voicing)+release burst 40%+V2 12) V1+closure duration 　(voicing)+release burst 70%+V2
	후행 F0	환경신호	13) V1+closure duration 　(voicing)+release burst 130%+V2 **total variable-14**
VC	선행모음길이	환경신호	1) V+closure+asp+amplidute 2) V 40%+closure+asp+amplidute
	F1 transition	환경신호	3) V 70%+closure 4) V 130%+closure
	closure duration	내부신호	5) V+closure 40% 6) V+closure 70%
	closure voicing	내부신호	7) V+closure 130%
	release burst	환경신호	8) V+closure+aspi duration+ampl 40% 9) V+closure+aspi duration+ampl 70%
	burst amplitude	환경신호	10) V+closure+aspi duration+ampl 130% **total variable-10**

(1) 실험 환경

인식 실험을 위하여 각 환경별 변수 총 34개로 Praat을 이용하여 조작을 가하였다. Praat를 이용하여 조작된 음은 Alvin을 이용하여 청각 실험을 하였다. 이 실험에는 모두 4명의 미국출신의 원어민이 참여하였고, 그 결과는 다음과 같다.

(2) 결   과

CV 환경에서는 coal / goal, beach / peach를 선택하여 각각 [ko] / [go], [bi] / [pi]를 절단하여 신호조작을 가하였고, VCV 환경에서는 bitter / bidder, bigger / bicker, caper / caber를 선택하여 [idder] / [itter], [iger] / [icker], [aper] / [aber]에 신호조작을 하였으며, VC 환경에서는 rip / rib, write / ride, rick / rig을 선택하여 [ip] / [ib], [ite] / [ide], [ik] / [ig]를 가지고 신호조작을 하여 인식 실험을 하였다. 그 결과는 다음과 같다.

⑫ 각 환경별 정답률

(단위: %)

	ko / go	bi / pi	idder / itter	iger / icker	aper / aber	ip / ib	ite / ide	ick / ig
정답률	92%	98%	53%	95%	76%	94%	100%	100%

각 환경별로는 구분하였을 때, VCV 환경이 상대적으로 유 / 무성 구분이 어려우며, 특히 t / d 발음구분이 어려운 것으로 나타났는데, 이는 VCV 환경에서는 신호조작이 이루어져도 유 / 무성 구분이 가능한 것으로 보이는데, 이는 첫 번째로 신호조작이 너무 단순히 세 부분으로만(40%, 70%, 130%)으

로 이루어졌거나, 두 번째로 두음이나 말음에서는 단일신호만이 유／무성을 구분하는 것이 아니라 두 개의 복합신호, 혹은 세 개 이상의 복합신호가 동시에 작용하는 것으로 보이는데, 이는 두 번째의 가능성에 더 역점을 둔다.

⑬ 각 신호조작별 정답률

가. 유성→무성

(단위: %)

신호	closure 40	closure 70	closure 130	clovoicg 40	clovoicg 70	clovoicg 130	aspidur 40	aspidur 70	aspidur 130	aspiam 40	aspiam 70	aspiam 130	V1durstin 40
정답율	100	100	100	90	88	90	96	95	98	100	100	96	96

신호	V1durstin 70	V1durstin 130	V1F0 40	V1F0 70	V1F0 130	V2durstin 40	V2durstin 70	V2durstin 130	V2F0 40	V2F0 70	V2F0 130
정답율	96	94	100	100	100	90	90	100	92	100	100

나. 무성→유성

(단위: %)

신 호	closure 40	closure 70	closure 130	clovoicg 40	clovoicg 70	clovoicg 130	aspidur 40	aspidur 70	aspidur 130	aspiam 40	aspiam 70	aspiam 130	V1durstin 40
정답률	100	93	100	45	64	64	95	94	97	95	98	98	88

신 호	V1durstin 70	V1durstin 130	V1F0 40	V1F0 70	V1F0 130	V2durstin 40	V2durstin 70	V2durstin 130	V2F0 40	V2F0 70	V2F0 130
정답률	94	90	100	100	100	100	90	100	100	100	100

신호조작을 가했을 때, 유성→무성보다는 무성→유성으로의 인식이 더 활발한 것으로 나타났다. 예를 들어, 'bidder'의 음향신호를 아무리 조작해도 무성으로 들리기는 어렵지만, 'bitter'의 신호를 조작하면 유성으로 인지할 수 있는 경우의 수가 많다는 것을 의미한다. 특히나, 무성 신호들 중에서 '폐쇄중 유성'은 가장 신호조작에 민감한 부분으로서, 이 부분의 조작은 확실히 유성으로 인지할 수 있다는 것을 보여준다.(e.g. 'write'의 〔t〕 부분).

⑭ 각 환경별, 신호별 오답상황

	ko / go	bi / pi	idder / itter	iger / icker	aper / aber	ip / ib	ite / ide	ick / ig
closure40					무성→유성 무성→유성 무성→유성			
closure70					무성→유성 무성→유성	무성→유성		
closure130						유성→무성 유성→무성		
clovoicg 40			무성→유성 무성→유성		유성→무성			
clovoicg 70			무성→유성 유성→무성					
clovoicg 70			유성→무성 무성→유성 유성→무성 무성→유성					
clovoicg 130			유성→무성 무성→유성 무성→유성		유성→무성 유성→무성			
releasedur 40	무성→유성 무성→유성	무성→유성 무성→유성	유성→무성	무성→유성	무성→유성			
releasedur 70			유성→무성 유성→무성		유성→무성 무성→유성			
releasedur 130			유성→무성		유성→무성 무성→유성			
releaseamp 40			유성→무성	무성→유성 무성→유성	무성→유성			
releaseamp 70			무성→유성		무성→유성			
releaseamp 130			무성→유성					
V1durstin 40			무성→유성 유성→무성 무성→유성 유성→무성	무성→유성 무성→유성 유성→무성	유성→무성			

	ko / go	bi / pi	idder / itter	iger / icker	aper / aber	ip / ib	ite / ide	ick / ig
V1durstin 70			무성→유성 유성→무성 무성→유성 유성→무성 무성→유성		무성→유성			
V1durstin 130			무성→유성 유성→무성 무성→유성 무성→유성		유성→무성 무성→유성 무성→유성			
V1F0 40			무성→유성					
V1F0 70					유성→무성			
V1F0 130								
V2durstin 40	유성→무성 유성→무성 유성→무성 유성→무성		유성→무성		무성→유성			
V2durstin 70			무성→유성 무성→유성 무성→유성					
V2durstin 130			유성→무성 무성→유성 유성→무성 무성→유성	유성→무성	유성→무성 무성→유성			
V2F0 40								
V2F0 70					무성→유성			
V2F0 130								

　구체적인 인식오류를 보면, VCV 환경에서 파열구간이나, 폐쇄중 유성구간에서 상대적 많은 인식오류가 많이 발생하고 있으며, 상대적으로 CV나 VC에서는 적게 발생하고 있다. 이는 발화 실험의 결과가 꼭 인식 실험에 그대로 적용이 되지 않음을 보여주고 있다. 이는 CV나 VC 환경에서는 단일신호조작이 별 영향을 미치지 못함을 의미하며, 이 환경에서는 주신호가 탈락되었을 때 보조신호가 대체신호로 작용하고 있음을 알 수 있고, 따라서 이 지역에서는 2개 혹은 그 이상의 주신호의 복합에 의하여 유/무성 대조가 이루어지는 것으로 보인다.

4. 토 론

본 장에서는 왜 일부신호의 복합만이 음대조에 기여하는지를 음향신호자체의 특징과 음향과 청각과의 관계를 예를 들어 설명하고자 한다. 그리고 이런 측면이 신호인허가설(Licensing by Cue)에 어떻게 제시되어야 하는지를 설명하고자 한다.

1) 음향신호의 특성

음인식은 신호잉여성, 주위환경으로의 신호소멸에 대한 거부, 신호대조회복 능력, 신호구현에 대한 청각체계의 이용 등에 달려 있다(Wright, 2002). 이 중 신호잉여성은 두 개 이상의 신호가 복합적으로 작용하는 것을 의미한다. 예를 들어, 본 실험에 의하면 CV에서는 파열구간을 제1신호($p < 0.000$), 후행모음 F0를 제2신호($p < 0.050$)라고 나타났는데, 이는 파열구간이 CV에서의 유/무성을 결정짓는 결정적 신호가 아니라는 것이 인식 실험에서 나타났다. 즉 인식 실험에 의하면 파열구간의 조작은 약 5% 정도의 오답률을 기록할 뿐이다. 이는 CV에서의 파열음 유/무성 구분은 단일 신호가 아니라 복합신호에 의하여 결정됨을 강력히 시사한다.

2) 음향과 청각의 비대칭

발화 실험결과와 인식 실험결과가 다르게 나타나는 이유는 음향과 청각 사이의 비대칭성에 있는 것으로 보인다. 양병곤(1997)의 한국인 남녀화자 20명을 연구조사한 결과에 의하면, 음향적 척도와 청각척도는 비슷하기는 하지만 다른 모습을 보여주고 있다. 이 연구에 의하면, 2500Hz 이상에서 음향적 척도는 명백한 차이를 보이지만, 청각척도는 이것을 매우 비슷하게 받아들여지고 있다. 비록 이 실험결과는 모음을 대상으로 한 것이지만, 음향실험이 꼭 청각으로 연결되지는 않을 것이라는 사실을 추측할 수 있다.

또 다른 청각특징은 음 인식을 범주별로 받아들이는 경향을 가진다는 점이다. Lisker & Abramson(1970)의 연구에 의하면, VOT가 30ms를 경계로 이하인 경우는 유성음 [b]로, 이상인 경우는 무성음 [p]로 인지를 하였다. 이는 동일범주 안에 성립하는 VOT 차이들은 음을 인식하는 데 아무런 영향을 미치지 못한다. 이 결과는 음운론적인 후두대조음을 구분하는 데 있어서, 음운경계가 중요할 뿐이지 여러 가지의 음성 변이들은 아무런 역할을 하지 못함을 볼 수 있다. 이는 각 신호에 있어서 신호의 다소보다는 음운 경계선이 중요함을 알 수 있다. 즉 VOT 100ms나 VOT 35ms나 같은 무성음 범주에 들어가기 때문에, 중요한 것은 VOT 30ms가 음운경계라는 것이 중요하다.

3) 신호인허가설(Licensing by Cue) 적용

신호인허가설에서는 기본적으로 두 가지 종류의 제약으로 구성된다(Steriade, 1995: 13).

⑮ 제 약

    a. Lazy: minimize expenditure of articulatory effort

    b. Implement feature F in context K: if the input string contains feature F in context K, then the output must contain feature F in context K

(b)의 인식제약은 다음과 같이 환경에 의한 신호순위를 정할 수 있다.

⑯ 인식제약

    a. Implement feature F in context K······⟩⟩ Implement
       feature F in context K′ where the cues to F in K′
       are a proper subset of the cues to F in K

    b. Implement feature F in context K······⟩⟩ Implement
       feature F in context K′ where the cues to F in K
       are a proper subset of the cues to F in K′

이 기준에 의한 영어 CV에서의 유/무성 대조는 다음과 같은 순위를 지닌다고 보인다.

⑰ Implement [VOT]/_V ⟩⟩ Lazy

이는 이 가설에서 주장하는 단일 자질(feature)이나, 신호(cue)에 의한 제약이 실제적인 인식 실험에서 문제가 되고 있기 때문에, 다음과 같이 수정해야 된다.

⑱ Implement [VOT+V1F0 ⟩⟩ Lazy

결론적으로, 신호인허가설에서 주장하는 단일주신호가 음의 대조에 공헌한다는 사실은 재검토되어야 한다. 오직 한두 개의 주요 신호의 복합이 음대조에 더 공헌한다. 이는 이 가설에서 밑바탕이 되는 '인식도(perceptibility scale)'가 단순신호보다는 복합신호에 의하여 결정되기 때문이다. 즉 주요한 두 개, 혹은 세 개의 신호 복합이 인식도를 더 끌어올리며, 이는 음대조를 더 강력히 가져오기 때문이다.

참고문헌

양병곤. 1997. 인간의 청각척도에 의한 고찰. 음성과학 2권:125-134

Kent &. 2002. Acoustic Analysis of Speech. Madison: Singular

Lombardi. 1991 Laryngeal Features and Laryngeal Neutralization.
UMassachusetts, Amherst. Ph.D. Dissertation

Steriade. 1995 Positional Neutralization. UCLA ms.

Steriade. 1997 Phonetics in Pinology: The Case of Laryngeal Neutralization.
UCLA ms.

영어파열음 시구간신호의 음향과 지각 비대칭성 연구

III

III. 영어파열음 시구간신호의 음향과 지각 비대칭성 연구*

⟨Abstract⟩

The study on asymmetry between acoustics and perception of the temporal cues of English plosives

Seok-Han Kang

This study tests the hypothesis that the voiced-voiceless distinction is influenced by the relationship between acoustics and perception. Production and perception tests are conducted with temporal cues in different environments(CV, VCV, VC).

The result showed that acoustic cues indicating significant difference between voiceless / voiced plosives do not behave just as do in perception. The result also showed that there existed an asymmetry between acoustics and perception.

Key words: Asymmetry, Perception, Stops, Acoustics, Cue

* 본 연구는 한국 학술진흥재단 신진연구인력지원사업 A00059(2004-2005)에 의하여 이루어졌다. 본 논문은 대한음성학회 말소리 55호(2005. 9)에 게재되었다.

1. 서 론

영어 파열음에 대한 음성학 연구들은, 유/무성 대조는 VOT[1][2][3] [4][5], 파열[6], 선행모음구간[7], 폐쇄구간[8], 폐쇄중 유성구간[9], 자음/모음구간비율[7], F0[10], F1[10], F2[11] 등의 음향 신호에 의하여 결정된다고 하였다. 그러나 음향 신호들이 유/무성 대조에 영향을 미치는 비중이 서로 다를 것이라는 연구가 일부 있었다[2][12]. 이 연구들은 음향 신호 중에서 주로 VOT가 범언어적으로 유/무성을 구분하는 가장 중요한 신호라고 지적하였다[1][2][3]. 즉 각 언어의 유/무성 파열음의 VOT 측정을 통하여, VOT는 각 언어의 후두자질을 규명하는 중요한 신호이고[13], 자체 신호가 갖고 있는 포만트 전이에 의하여 유/무성과 조음 위치가 결정된다고 하였다[5].

음향 중심의 VOT 연구는 이 신호가 지각적 측면에서도 중요한 비중을 차지하는지에 대한 회의적인 시각이 대두되었다[14][15]. 이 관점에 의하여 VOT를 제외한 폐쇄구간, 파열 구간, 모음구간 같은 시구간신호(temporal cue)들이나, F0, F1, F2를 이용한 지각 실험이 실시되었다. 이러한 실험은 주로 신호 편집이나[16], 합성음의 조작[14]을 통하여 이루어졌다. 이러한 실험 결과들은 유/무성 지각이 VOT에만 의존하고 있지 않음을 보여주었다.

본 연구에서는 VOT를 포함한 모든 시구간신호에 대하여 지각에서의 서열을 정하는 작업을 하고자 한다. 이는 기존의 지각 연구가 일부 신호들의 비교나 단일 신호 지각 실험에 그친다는 점을 반성하여, 본 연구에서는 주요한 시구간신호에 해당하는 선행모음구간, 폐쇄구간, 폐쇄중 유성구간, 파열, VOT, 후행모음구간의 6개 신호를 선정하여*, 음향과 지각의 비대칭

---

* 6개의 시구간신호들의 구현은 환경에 따라 다르다. CV 환경은 4개, VCV 환경은 6개, VC 파열 환경은 4개, VC 비파열 환경은 1개이다. 따라서 실험은 각 환경별로 나누어서 실시되었다.

성과 지각에 있어서의 신호 서열을 규명하고자 하였다. 이는 파열음 유/무성 지각에서 VOT보다 더 우수한 신호가 존재할 것이라는 가설을 증명하기 위함이다

본 연구는 음향과 지각 사이의 간접적 관계를 제시한 '약 이론(weak theory)'[12]에 바탕을 두고 있다. 조음과 음운 사이의 강한 관계를 주장하는 '운동 이론(motor theory)'[17]과 음운과 청각 사이에 강한 관계가 성립된다고 주장하는 '강 청각 이론(strong auditory theory)'[18]과는 달리 약 이론은 조음과 청각 영역이 간접적으로 연결되어 있고 표상(음운) 영역을 공유하고 있다고 주장한다. 이 간접적 관련이란 음향과 지각 사이의 비대칭성을 의미한다. 예를 들어 VC 환경에서의 파열 구간신호는 청각에서는 유/무성을 구분하는 신호가 될 수 없지만*, 지각에서는 주요한 신호가 된다. 그러나 역으로 폐쇄구간신호는 음향에서는 유/무성을 구분하는 중요한 신호이지만 지각에서는 상대적으로 중요한 신호가 아니다.

음향과 지각 사이의 비대칭을 증명하기 위하여, 영어 파열음의 조음적인 측면인 접근(approach), 폐쇄(closure), 개방(release)의 단계에 맞추어서 음향 신호를 설정하였다.

〈표 1〉 영어파열음의 환경별 시구간신호 구분

	조음단계	음향신호	유/무성 구현 여부
CV	폐 쇄	유성선행(voice lead)	유 성
	개 방	파 열**	유,무성
		VOT	유,무성
		후행모음구간	유,무성

---

* 본 연구에 의하면 '파열구간'은 유/무성 간에 유의미한 차이를 보이지 않았다(p〉0.05).
** #[s]CV 환경에서 나타나는 '전이(transient)'와 '마찰(frication)'을 '파열', '기식(aspiration)'을 'VOT'라고 규정하였다.

	조음단계	음향신호	유/무성 구현여부
VCV	접 근	선행모음구간	유,무성
	폐 쇄	폐쇄묵음구간	무 성
		폐쇄중 유성구간	유,무성
	개 방	파 열	유,무성
		VOT*	무 성
		후행모음구간	유,무성
VC 파열	접 근	선행모음구간	유,무성
	폐 쇄	폐쇄묵음구간	유,무성
		폐쇄중 유성구간	유 성
	개 방	파 열	유,무성
VC 비파열	접 근	선행모음구간	유,무성

환경별로 신호를 분류하면, CV 환경에서는 유성 선행구간, 파열, VOT, 후행모음구간의 4개의 시구간으로 나누어지고, VCV 환경에서는 선행모음구간, 폐쇄 묵음구간, 폐쇄중 유성구간, 파열, VOT, 후행모음구간의 6개의 시구간이, VC 파열 환경에서는 선행모음구간, 폐쇄 묵음구간, 폐쇄중 유성구간, 파열 구간의 4개의 시구간으로 나누어지며, VC 비파열 환경에서는 선행모음구간만이 나타난다.

각 환경에 출현하는 시구간신호에 대하여 발화와 지각 실험을 동시에 실시하였다. 이는 유/무성 지각에 있어서 발화와 지각의 비대칭을 증명하기 위함이며, 음운지각은 파열음의 모든 신호를 고려하는 것이 아니라 일부의 주요한 지각신호에 의존한다는 것을 보여주기 위함이다.

---

* VCV 환경에서 자음이 유성음인 경우 'VOT'는 존재하지 않는다. 이는 선행모음의 떨림이 계속 이어지기 때문이다.

2. 발화 실험

1) 피험자

발화 실험은 미국 출신의 원어민 백인 남성 10명을 대상으로 실시하였다*. 발화자 1과 발화자 7은 목록과 녹음에 이상이 있어 제외하였고, 나머지 8명에 대하여 분석을 실시하였다. 대부분의 피험자들은 연세대학교에서 공부하는 미국 출신의 교환 학생들이며, 한국거주 평균 기간은 0.7년, 평균 연령은 22.1세이다. 피험자들에게는 실험수당이 지급되었다. 피험자 정보는 〈표 2〉에 제시되었다. 분석된 8명의 발화자는 모두 언어 병력이 없었다.

<표 2> 발화 피험자 정보

연 번	발화자	성장지	나 이	한국거주기간	분석여부	기 타
1	KE	Ohio	22	2개월	제 외	발화목록이상
2	JO	Mississippi	22	16개월	선 정	
3	JE	Oklahoma	21	8개월	선 정	
4	KR	Louisiana	19	1개월	선 정	
5	FI	California	23	7개월	선 정	
6	NE	Utah	20	12개월	선 정	
7	AN	Michigan	21	1개월	제 외	녹음이상
8	GO	South Carolina	20	2개월	선 정	
9	BR	Iowa	21	2개월	선 정	
10	GR	New York	32	18개월	선 정	

---

* 이중언어자, 교포들은 포함되지 않았다. 선정과정에서 가정에서 부모가 영어사용, 남성, 3-18세 사이 미국거주, 백인, 현재 20대 초중반 위주로 하였다.

2) 발화목록

녹음자료는 CV, VCV, VC의 3개의 환경으로 분류하여 최소변별이 이루어지는 단어를 선택하였다.

(1) 발화목록
Say_____, again.

pack back pad bad tap dap tag dag cap gap cad gad

capper cabber tapper tabber patter padder tadder tatter packer pagger
tacker tagger
Say_____.

cap cab tap tab cat cad tat tad pack pag tack tag

음운대조를 이루는 파열음들의 CV 및 VCV 환경을 관측하기 위하여 'Say___, again', VC 환경을 위하여 'Say___.' 등 각기 다른 두 개의 제시문을 주었다. VC 환경에서는 자음으로 끝나는 신호를 얻기 위하여 문장의 끝에 단어를 배치하였다. 측정 유/무성 파열음은 선행모음인 경우는 [æ], 후행모음은 [ər]로 통일하였다. 고모음은 의도적으로 회피하였는데, 이는 혀 높이와 관련 있는 고모음 모음구간이 저모음보다 짧아지기 때문이다[19].
  각 환경별로 유/무성 대조를 이루는 12단어씩, 모두 36단어를 측정하였고, 이 중 4단어(dap, cabber, tadder, pagger)는 무의미한 단어이다. 따라서 분석어휘는 8 화자* 2 유/무성* 3 조음위치* 3회 반복* 타위치 파열음 6종류, 계 864어휘 중 발화 및 녹음상 이상이 발견된 24어휘를 제외한 840어휘가 분석되었다.

3) 녹음 및 분석과정

목록에 있는 단어들을 주어진 문장 속에 넣어서 3회 반복하여 읽도록 하였다. 발화자들은 방음 처리된 연세대학교 종합관 방송실에서 헤드폰용 Shure SM10A 마이크와 Sony DAT, TASCAM DA-P1을 이용하여 44,100Hz로 녹음하였고, 양자화는 16bit로 하였다. 이를 Cool Edit 2.0을 이용하여 .wav 파일로 전환하였다. 분석은 Praat 4.3을 이용하였다. 영어파열음의 특성을 살펴보기 위하여 접근단계(선행모음구간), 폐쇄단계(폐쇄구간, 폐쇄중 유성구간), 개방단계(VOT, 파열, 후행모음구간)를 측정하였다.

측정 시 스펙트로그램 환경설정은 범위 0-5000Hz, 윈도 길이(window length) 0.005, 동적 범위(dynamic range)를 35dB로 하였다. 단, 어말 파열 측정에 있어서는 미세한 파열을 관측하기 위하여 다이내믹 범위를 75dB로 하였다.

4) 결 과

각각의 환경(CV, VCV, VC 파열, VC 비파열)에서, 각 신호가 유/무성 구분에 어느 정도의 유의미도를 보이는지를 검증하기 위하여 요인을 유/무성성과 조음위치로 하고 각 개별 신호들을 종속 변수로 하는 이원배치 분산분석(two-way ANOVA)을 실시하였다. 결과는 〈표 3〉과 같다.

〈표 3〉 전체 환경 이원배치 분산분석(two-way ANOVA)

종속변수		주효과				교호작용	
		유 / 무성		조음위치			
		F(1,278)	p	F(2,278)	p	F(2,278)	p
CV	파 열	238.531	.000	90.907	.000	28.478	.000
	VOT	171.225	.000	.588	.556	.382	.683
	후행모음	13.998	.000	.907	.405	.964	.382
VCV	선행모음	20.808	.000	9.615	.000	2.606	.076
	폐쇄구간	75.016	.000	280.358	.000	30.870	.000
	파열	5.246	.000	27.642	.000	10.116	.000
	VOT*	/////	/////	96.399	.000	/////	/////
	후행모음	13.073	.000	16.126	.000	11.750	.000
VC 파열	선행모음	135.922	.000	4.877	.008	1.673	.190
	폐쇄구간	3.701	.056	7.313	.001	4.584	.011
	파 열	.076	.784	19.749	.000	.667	.514
VC 비파열	선행모음	9.331	.008	1.936	.177	.065	.937

CV 환경에서는 모든 단위 신호들이 유 / 무성에 대하여는 유의미한 차이가 있는 반면에, 조음 위치에 대하여는 파열 신호만이 유의미한 차이를 보였다[**]. 또한 이 파열 신호만이 유 / 무성과 조음 위치에 대한 유의미한 교호 작용을 갖는 것으로 나타났다.

VCV 환경에서는 모든 단위 신호들이 유 / 무성과 조음 위치에 대하여 유의미한 차이를 보이는 것으로 조사되었다. 또한 선행모음 신호를 제외한 모든 신호가 교호 작용을 갖는 것으로 나타났다.

VC 환경은 파열의 여부에 의하여 '파열 환경'과 '비파열 환경' 둘로 나누

---

[*] VCV 환경에서 VOT는 유 / 무성에 대하여 측정할 수 없다. 이는 이 환경에서 유성음인 경우 VOT가 존재하지 않는다. 따라서 유 / 무성 주효과와 교호작용은 측정할 수 없다.

[**] VOT는 조음위치에 대하여는 유의미한 차이를 보이지는 않았지만, Lisker & Abramson(1964)의 VOT(파열＋기식)로 계산했을 때는 유 / 무성에 대하여 $F(1,278)=258.470$, $p < .0001$, 조음위치별로는 $F(2,278)=5.806$, $p < .05$로 유 / 무성과 조음위치별로 유의미한 관계가 있는 것으로 조사되었다.

었다*. VC 파열 환경에서, 선행모음 신호만이 유/무성성에 대하여 유의미한 차이를 보이는 반면에, 조음 위치에 대하여는 모든 신호들이 조음 위치에 대하여 차이를 보였다. 교호작용 측면에서는 폐쇄구간만이 유의미한 작용을 갖는 것으로 조사되었다.

VC 비파열 환경에서 선행모음구간에 대한 이원배치 분산분석을 한 결과 유/무성에 대하여는 유의미한 차이를 보이지만, 조음 위치와 교호 작용에는 유의미한 차이를 보이지 않았다.

3. 청각 실험

1) 발화자 및 피험자

청각 실험에 사용된 발화자는 미국 출신의 원어민 남성 중에서 가장 유/무성 사이의 음고저 차이가 작은 발화자를 선정하여 표본을 만들었다**. 발화자의 성장지는 Utah 주이며, 연령은 20세, 한국거주 기간은 12개월이다. 이 실험에는 주로 발화 실험에 참가한 피험자 중 9명이 참여하였는데, 발화 실험이 끝난 후 바로 청각 실험을 실시하였다.

---

* 본 조사에 의하면, 277단어 중 255단어(92%)가 파열이 구현되며, 22단어(8%)가 비파열이 되는 것으로 관측되었다. 파열이 되는 단어 중 10ms 이하의 약 파열은 112 단어(44%), 11ms~30ms의 중간파열은 58단어(23%), 31ms 이상의 강한 파열은 87 단어(34%)로 나타났다.

** 유/무성 사이의 음 고저를 나타내는 F0에는 명백한 차이가 있음은 잘 알려져 왔다 [10]. 즉 무성음은 유성음보다 상대적으로 높은 F0를 갖는다. 만약 유/무성 간에 음고저 차이가 크게 생기는 경우는 쉽게 지각을 할 수 있게 된다. 본 실험은 시구간 신호를 대상으로 한 실험이므로 F0에 대하여는 통제를 하려고 하였다.

2) 실험 과정 및 방법

청각 실험은 VCV, CV, VC 파열, VC 비파열, 이렇게 4가지 환경으로 분리하여 실시하였다. Praat을 이용하여 분리된 각 환경별 음의 신호들은 편집음 목록에 맞추어서 음을 합성한 후 Alvin[20][21]을 이용하여 청각 실험을 하였다. 각 문항수는 108문항이며 2회 반복하였다.

신호 조작은 CV 환경에서는 pack / back, tap / dap, cap / gap을 선택하여 각각 [pæ] / [bæ], [tæ] / [dæ], [kæ] / [gæ]를 절단하였고, VCV 환경에서는 tapper / dabber, tatter / tadder, tacker / tagger를 선택하여 [æpə: r] / [æbə: r], [ætə: r] / [ædə: r], [ækə: r] / [ægə: r] 로 절단하였고, VC 환경에서는 tack / tag, tap / tab, tat / tad를 선택하여 [æp] / [æb], [æt] / [æd], [æk] / [æg]를 가지고 실험을 하였다.

실험은 연세대학교 종합관 방송실 부속 방음실에서 행하였고, 개인별로 실험이 실시되었다. 약 60dB 정도의 소리크기에서, 각 문항당 1초 정도의 차이를 두고 유 / 무성으로 분류된 시험지에 연속적으로 선택하도록 하였다. 평균 실험시간은 한 시험지당 평균 5분 정도이며 약 20분 정도가 소요되었다.

3) 신호편집

각 환경에서 어떤 신호들이 지각에 더 영향을 미치는지를 알아보기 위하여 다음처럼 신호별로 편집하였다. 이 실험의 목적은 발화에서의 주요요인으로 밝혀진 신호들이 과연 청각 실험에도 똑같은 역할을 수행하는지를 살펴보았다.

<표 4> 지각 실험 신호구성

환 경	신호명	신호구성	문항수
CV	111	유성선행(voice lead)+유성 파열 / VOT+유성 후행모음	8*3 (위치별-p / b. t / d, k / g) =24문항
	110	유성선행(voice lead)+유성 파열 / VOT+무성 후행모음	
	101	유성선행(voice lead)+무성 파열 / VOT+유성 후행모음	
	100	유성선행(voice lead)+무성 파열 / VOT+무성 후행모음	
	011	무성 폐쇄구간+유성 파열 / VOT+유성 후행모음	
	010	무성 폐쇄구간+유성 파열 / VOT+무성 후행모음	
	001	무성 폐쇄구간+무성 파열 / VOT+유성 후행모음	
	000	무성 폐쇄구간+무성 파열 / VOT+무성 후행모음	
VCV	1111	유성 V1+유성 폐쇄구간+유성 파열+유성 V2	16*3 (위치별) =48문항
	1110	유성 V1+유성 폐쇄구간+유성 파열+무성 V2	
	1101	유성 V1+유성 폐쇄구간+무성 파열 / VOT+유성 V2	
VCV	1100	유성 V1+유성 폐쇄구간+무성 파열 / VOT+무성 V2	16*3 (위치별) =48문항
	1011	유성 V1+무성 폐쇄구간+유성 파열+유성 V2	
	1010	유성 V1+무성 폐쇄구간+유성 파열+무성 V2	
	1001	유성 V1+무성 폐쇄구간+무성 파열 / VOT+유성 V2	
	1000	유성 V1+무성 폐쇄구간+무성 파열 / VOT+무성 V2	
	0111	무성 V1+유성 폐쇄구간+유성 파열+유성 V2	
	0110	무성 V1+유성 폐쇄구간+유성 파열+무성 V2	
	0101	무성 V1+유성 폐쇄구간+무성 파열 / VOT+유성 V2	
	0100	무성 V1+유성 폐쇄구간+무성 파열 / VOT+무성 V2	
	0011	무성 V1+무성 폐쇄구간+유성 파열+유성 V2	
	0010	무성 V1+무성 폐쇄구간+유성 파열+무성 V2	
	0001	무성 V1+무성 폐쇄구간+무성 파열 / VOT+유성 V2	
	0000	무성 V1+무성 폐쇄구간+무성 파열 / VOT+무성 V2	
VC 파열	111	유성 V1+유성 폐쇄구간+유성 파열	8*3 (위치별) =24문항
	101	유성 V1+무성 폐쇄구간+유성 파열	
	110	유성 V1+유성 폐쇄구간+무성 파열	
	100	유성 V1+무성 폐쇄구간+무성 파열	
	011	무성 V1+유성 폐쇄구간+유성 파열	
	010	무성 V1+유성 폐쇄구간+무성 파열	
	001	무성 V1+무성 폐쇄구간+유성 파열	
	000	무성 V1+무성 폐쇄구간+무성 파열	

환 경	신호명	신호구성	문항수
VC 비파열	11	유성 V1 + 유성 폐쇄구간	4 *3 (위치별) =12문항
	10	유성 V1 + 무성 폐쇄구간	
	01	무성 V1 + 유성 폐쇄구간	
	00	무성 V1 + 무성 폐쇄구간	

전체 반응수: 108문항(1시험지)* 2회(반복횟수)* 9(참가인원수) = 1944

4) 결 과

청각 실험의 결과는 다음과 같다.

<표 5> 유 / 무성 신호구성 및 반응

환 경	신호명	무성반응		유성반응	
		반 응	백분율	반 응	백분율
CV	000	54	100	0	0
	001	20	37	34	63
	010	40	74	14	26
	011	0	0	54	100
	100	44	82	10	18
	101	40	74	14	26
	110	13	24	41	76
	111	0	0	54	100
VCV	0000	52	96	2	4
	0001	35	65	19	35
	0010	33	61	21	39
	0011	27	50	27	50
	0100	43	80	11	20
	0101	34	63	20	37
	0110	26	48	28	52

환 경	신호명	무성반응		유성반응	
		반 응	백분율	반 응	백분율
VCV	0111	26	48	28	52
	1000	31	57	23	43
	1001	27	50	27	50
	1010	13	24	41	76
	1011	13	24	41	76
	1100	23	43	31	57
	1101	16	30	38	70
	1110	9	17	45	83
	1111	9	17	45	83
VC 파열	000	52	96	2	4
	001	34	63	20	37
	010	42	78	12	22
	011	49	91	5	9
	100	19	35	35	65
	101	15	28	39	72
	110	32	59	22	41
	111	1	2	53	98
VC 비파열	00	45	83	9	17
	01	44	81	10	19
	10	19	35	35	65
	11	8	15	46	85

각 신호명의 '0'과 '1'은 각각 무성 신호와 유성 신호를 나타낸다. 예를 들어 CV 환경에서 '110'은 '유성 선행(voice lead)+유성 파열/VOT+무성 후행모음구간'으로 이루어진 음신호가 주어졌다는 의미이다. 또한 '011'은 '무성 폐쇄 묶음+유성 파열/VOT+유성 후행모음구간'으로 이루어진 신호가 주어졌다는 뜻이다. 이러한 음 신호에 대하여 유/무성 반응 개수와 백분율을 정하였다.

각 신호당 100%에 해당하는 반응수는 54개이다. 이는 9(피험자)×2 (실험회수)×3(조음위치)=54개로 산출된다. 따라서 총 반응수는 36(총신 호수)×54(1신호당 반응수)=1944개의 반응에 대하여 검토를 하였다. 총 반응수 1944개에 대하여 무성음 반응 987개(50.8%), 유성음 반응 957개 (49.2%)로 서로 비슷하게 지각하는 것으로 조사되었다.

(1) 환경별 지각

우선, 순수 무성음이나 순수 유성음이 각 환경별로 제대로 지각이 되는지 를 알아보는 유/무성 환경별 지각조사를 하였다. 각 환경별로 '00', '000', '0000'으로 이루어진 신호음과 '11', '111', '1111'로 이루어진 신호음에 대하 여 피험자의 반응을 조사해보았다. 그 결과 CV 환경 100%, VCV 환경 89%, VC 파열 환경 97%, VC 비파열 환경 84%의 정지각률*을 보였다.

이 지각 결과에 의하면, VCV 환경과 VC 비파열 환경이 상대적으로 유/무성 구분이 어려우며, CV 환경과 VC 파열 환경에서는 상대적으로 음대조가 흔들리지 않음을 보여주고 있다. 즉 VCV 환경**과 VC 비파열 환경은 VC 파열이나 CV 환경에 비하여 약 10-15% 정도의 정지각률이 떨어지고 있음을 알 수 있다. 이는 전체적으로 지각의 순서가 'CV 〉〉 VC 파열 〉〉 VCV 〉〉 VC 비파열' 환경임을 알 수 있다***.

이 실험 결과는 신호수가 가장 많이 구현되는 VCV 위치보다 신호수는 적지만, VOT나 파열구간이 비교적 양호하게 구현되는 CV 환경과 VC 파 열 환경에서 더 유/무성 구분이 잘 일어나고 있음을 보여주고 있다. 이는 신호수와 유/무성 관계보다는 지각상의 신호 정보 질과 유/무성 관계가 더 밀접함을 의미할 수 있다****. 다음으로, 환경별로 유/무성 지각이 어떻

---

* 주어진 유/무성 신호에 올바르게 유/무성반응을 보이는 비율이 정지각률이다.
** VCV 환경의 치경음은 '탄설음화'가 배제된 순수한 형태의 t/d 이다.
*** 이 결과는 'aba/apa' 형태가 가장 음운지각이 잘 이루어지고, 따라서 '동화' 현상 에 가장 저항이 강하다는 '신호허가이론'[23]에 의문점을 제시한다.
**** 신호의 수와 지각과의 관계는 음성학 분야의 Liljencrants & Lindblom(1972)

게 달라지는지를 살펴보았다. 총 반응수 1944개에 대하여 무성음 반응 987개(50.8%), 유성음 반응 957개(49.2%)로 서로 비슷하게 지각하는 것으로 조사되었다. 구체적인 환경별로는, CV 환경과 VCV 환경에서는 유성음 지각이 상대적으로 많고, VC 파열 환경과 VC 비파열 환경에서는 무성음 지각이 많았다. 이는 최종 시구간신호가 모음인 경우(CV, VCV)는 유성음으로, 파열(VC 파열)이나 폐쇄 신호(VC 비파열)인 경우는 무성음으로 지각한다고 볼 수 있다.

(2) 조음 위치별 지각

총 반응수 1944개에 대하여 조음 위치별로 차이가 있는지 조사해 보았다. 그 결과 조음 위치와 유/무성 반응과는 대단히 밀접한 관계가 있다는 것이 밝혀졌다. 전체적인 환경에서, 양순음은 유성음 반응이 많으며, 치경음과 연구개음은 무성음 반응이 많았다. 양순음인 경우 무성음 반응이 272개(41.9%), 유성음 반응이 376개(58.1%)로 유성음 반응이 많았다. 치경음인 경우 무성음 반응이 370개(57%), 유성음 반응이 278개(43%), 연구개음인 경우 무성음 반응이 345개(53.2%), 유성음 반응이 303개(46.7%)로 무성음 반응이 훨씬 더 많았다. 〈그림 1〉은 조음 위치별 유/무성 지각을 나타낸 것이다*.

과 이를 음운론에 도입한 Flemming(1995)을 참고 바란다. 이들의 연구는 모음을 대상으로 이루어진 것이고, 신호와는 범주가 다른 '음'을 대상으로 했지만, 파열음이 모음 부분에서 지각되기 때문에 참고할 만한 가치를 지닌다.

* '0'은 무성음, '1'은 유성음을 의미한다. 따라서 '0'에 가까울수록 무성음 반응이 많은 것이며, '1'에 가까울수록 유성음반응이 많은 것이다.

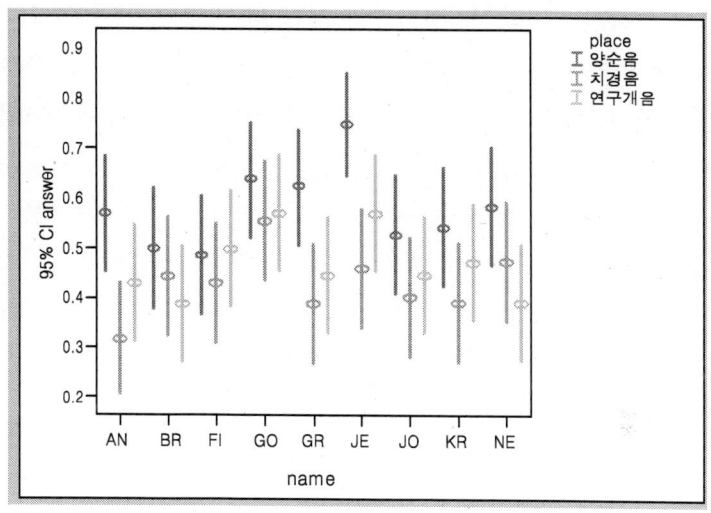

〈그림 1〉 피험자별 조음위치별 유 / 무성 지각

　개별적인 환경에서 조음 위치별로 유 / 무성 지각 간의 관계를 살펴보았
다. CV 환경에서는 양순음 반응수 144개 중에서 무성음 반응 80개
(55.5%), 유성음 반응 64개(45.5%), 치경음은 무성음 반응 65개
(45%), 유성음 반응 79개(55%), 연구개음은 무성음 반응 65개(45%),
유성음 반응 79개(55%)가 나왔다. CV 환경에서는 양순음은 무성음으로,
치경음과 연구개음은 유성음으로 지각하려는 경향이 강했다.

　VCV 환경의 양순음 288개 반응 중 무성음 반응은 88개(30.5%), 유성
음 반응은 200개(69.4%)로 유성음 지각이 월등했으며, 치경음은 무성음
반응 140개(48.6%), 유성음 반응 148개(51.4%)를 보였고, 연구개음은
무성음 반응 189개(65.6%), 유성음 반응 99개(34.3%)를 보였다. VCV
환경에서는 양순음은 유성음으로, 연구개음은 무성음으로 지각하려는 경향
이 강했다.

　VC 파열 환경의 양순음인 경우 무성음 반응 73개(50.6%), 유성음 반
응 71개(49.4%)이며, 치경음인 경우 무성음 반응 115개(79.8%), 유성

음 반응 29개(20.1%), 연구개음인 경우 무성음 반응 56개(38.8%), 유
성음 반응 88개(61.1%)로 나타났다. 따라서 VC 파열 환경에서는 치경음
은 무성음으로 지각하려는 경향이 절대적으로 강하며, 연구개음은 유성음으
로 지각하려는 경향이 강하다.

　VC 비파열 환경의 양순음은 무성음 반응 31개(43%), 유성음 반응 41
개(57%), 치경음은 무성음 반응 50개(69.4%), 유성음 반응 22개
(30.6%), 연구개음은 무성음 반응 35개(48.6%), 유성음 반응 37개
(51.4%)를 차지하였다. 따라서 이 환경에서는 양순음은 유성음으로 치경
음은 무성음으로 지각하려는 경향이 강하였다.

　(3) 신호별 지각

　본 실험을 통하여 반응 일치도와 강인도를 찾아보았다. 반응 일치도 조사
는 주어진 신호와 최종 반응과의 일치를 알아보는 방법으로 신호의 영향력
을 측정할 수 있다. 신호 강인도 조사는 주어진 신호가 다른 신호들에 차폐
당하지 않고 반응을 이끌어 낼 수 있는가 하는 검사로, 주어진 신호가 얼마
나 강한가를 측정할 수 있다.

　환경별로 신호정보의 질을 조사한 결과, 영어 파열음의 지각상 가장 일치
도가 높은 조음 단계는 접근 단계와 개방 단계라는 것이 밝혀졌다. 개별 단
위 신호로 살펴보면 선행모음구간에 의한 반응과의 일치도는 74%로 가장
높았고, VOT / 파열이 66%, 후행모음구간의 63%, 폐쇄구간의 신호 일치
도는 54%가 나왔다. 따라서 상위 범주인 접근 단계 신호, 폐쇄 단계 신호,
개방 단계 신호로 분류가 될 때, 두 개의 시구간신호를 보유한 개방 단계
신호가 가장 일치도가 높은 신호로 나타났고, 폐쇄 단계 신호는 일치도가
떨어지는 것으로 나타났지만, 개별 신호로는 선행모음구간이 가장 일치도가
높았다. 주요 신호 반응 일치도를 그림으로 나타내면 다음과 같다.

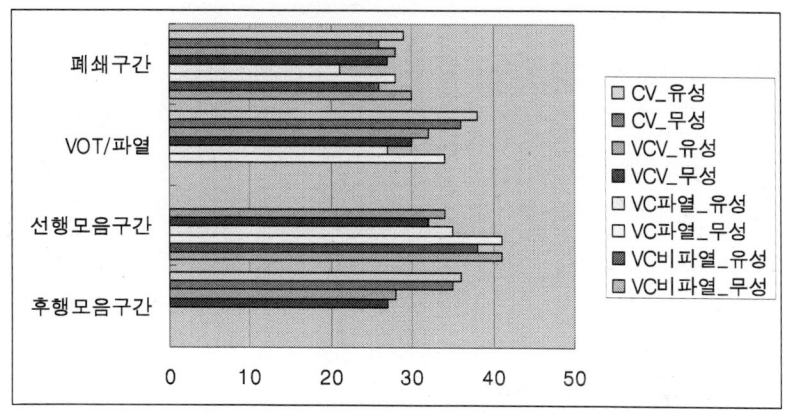

〈그림 2〉주요 신호 반응 일치도

각 환경별로 어떤 신호가 반응과의 일치도가 높은지 살펴보았다. CV 환경에서는 개방 신호인 파열/VOT 신호가 74%, 후행모음 신호가 71%, 폐쇄구간(유성 선행구간과 폐쇄 묵음구간)이 55%의 비율을 보여 파열/VOT 신호의 반응과의 일치도가 가장 높았다. VCV 환경에서는 선행모음구간이 66%, 폐쇄구간 55%, 파열/VOT 구간 61%, 후행모음구간 55%의 일치도를 보여, 선행모음구간이 반응과의 일치도가 가장 높은 것으로 조사되었다. VC 파열 환경인 경우 선행모음구간이 76%, 파열 구간이 61%, 폐쇄구간이 49%로 선행모음구간에 의한 반응 일치도가 가장 높았다. VC 비파열 환경인 경우 선행모음구간 79%, 폐쇄구간 56%의 일치도를 보였다.

전반적으로 유성 신호와 무성 신호로 양분하면, 목표 신호에 유성 신호를 주었을 때 유성음 지각과 무성 신호를 주었을 때 무성음 지각에는 환경적으로 약간 다르게 나타났다. CV와 VCV 환경에서는 무성음보다는 유성음으로 지각하는 비율이 약간 높았고, VC 파열 환경과 비파열 환경에서는 유성음보다는 무성음으로 지각하는 비율이 높았다. 이는 지각상 모음구간으로 끝나는 분절음은 유성음으로, 폐쇄구간이나 파열 구간으로 끝나는 분절음은 무성음으로 지각하는 경향이 있음을 보여주고 있다. 이 결과는 어말 무성음화 현상이 조음적으로 이 환경에서 유성음 특징이 구현되기 어렵기 때문에 중화현상이 일어난다고 지적할 수 도 있지만, 지각적으로도 후행모음이 결핍이 될 때, 유/무성 간에 대조가 상실되어, 무성음화 현상을 가져올 수 있다는 점을 시사해준다.

신호 강인도 검사는 동일한 하나의 신호가 다른 신호에 대하여 차폐(masking)되지 않고, 자신의 지위를 유지하는지를 알아보는 조사이다. 예를 들어, CV 환경에서, 세 가지 신호에 대하여, 동일한 두 가지 신호와 다른 한 가지 신호를 주었을 때, 이 하나의 신호가 두 개의 다른 신호를 이겨내고 이 하나의 신호와 동일한 반응을 이끌어낼 수 있는지를 조사하였다. 예를 들어, 폐쇄 신호를 유성 신호로 주고, VOT와 후행모음구간을 무성 신호로 주었을 때, 피험자가 유성음으로 지각하면 폐쇄 신호에 대하여 강인도 점수를 주었고 이를 종합화하였다.

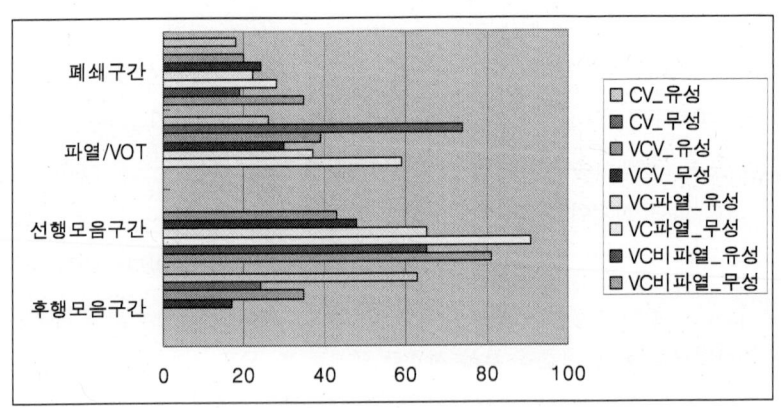

〈그림 3〉 주요 신호 강인도

전반적인 모습에서, 주요 신호 강인도는 주요 신호 일치도와 비슷한 경향을 보였다. 개별 신호에서 '선행모음구간 〉〉 파열/VOT 신호 〉〉 후행모음구간 〉〉 폐쇄구간'의 순으로 서열이 정해졌다. 일치도 검사와 비슷한 결과이지만, 같은 신호일지라도 환경별로 많은 차이를 보인다는 점과, 선행모음 신호의 돋들림이 일치도 검사에 비하여 더 심해졌다는 점은 특기할 만하다.

이 강인도 조사에서 선행모음구간은 후행모음구간뿐만 아니라, VOT나 파열보다 강인도가 더 강했다. 즉 선행모음구간이 무성 신호로 주어졌을 때, 다른 신호들이 모두 유성 신호로 주어져도 무성음으로 지각하는 비율이 높다. 만약 신호의 강인도가 우수한 신호라는 가정이 주어진다면, 기존 연구에서, 영어 파열음은 VOT가 가장 우수한 신호라는 결과[2][3]에 대하여 의문을 제기할 수 있다.

4. 토론 및 결론

청각 실험을 통하여, 영어 파열음에는 신호 간의 서열이 존재함이 증명되었다. 즉 단일 신호로는 선행모음구간신호가 가장 우수한 신호이며, 파열과 VOT, 후행모음구간, 폐쇄구간이 순서대로 그 뒤를 잇는 것으로 나타났다. 조음 단계로 분류가 되었을 때, 파열과 VOT, 후행모음구간을 포함하는 개방 단계 신호가 가장 우수하며, 선행모음구간이라는 단일 시구간신호가 나타나는 접근 신호가 그 뒤를 잇고, 폐쇄 묵음구간과 폐쇄중 유성구간을 나타내는 폐쇄 단계 신호는 가장 질이 떨어지는 신호로 판명되었다. 그러나 이는 폐쇄 신호가 전혀 유/무성을 구분하는 데 도움이 되지 않는 무의미한 신호란 의미는 아니다. Lisker(1957)에 의하면 폐쇄중 유성구간의 존재는 유성음 지각에 기여를 한다고 보았다. Parker & Kluender(1986)는 /apa/와 /aba/에서의 '폐쇄구간'에 시구간 차이를 두어 청각 실험을 하였다. 그 결과 폐쇄구간의 차이는 유/무성 대조에 충분한 신호가 될 수 있음을 보여주고 있고, 특히 폐쇄구간이 유성으로 주어졌을 때는 '유성음'으로 지각하는 비중이 높았다. 즉 폐쇄구간 자체도 충분히 유의미한 신호임이 입증되었다.

그러나 일부의 연구가 신호의 서열 관계를 암시하고 있다. 이석재(2003)는 한국어 폐쇄음 겹자음의 위치성 지각에 대한 연구에서, 후행 자음(C2)에 의한 선행 자음(C1)의 위치성 지각은, 후행 자음에 구현되는 음향 특질이 선행 자음의 위치성을 구현하는 음향 특질을 차폐한 결과로 보고 있다. 이는 V1C1C2V2의 연속에서 C2가 V2로 인하여 좀 더 풍부한 포만트 전이와 파열을 갖게 됨으로써, 청자는 C1보다는 C2의 정보에 의존하게 된다는 것이다. 이는 C2가 갖는 개방신호가 C1이 갖고 있는 신호보다 우수한 신호임을 입증하는 것이다. 결국, 폐쇄 신호 자체도 우수한 신호이지만, 여러 종류의 시구간신호가 동시에 주어질 때, 폐쇄구간은 차폐당하는 것으로 판명되었다.

신호의 서열이 존재하게 된 배경에는 인간 청각이 갖는 특징 때문으로 보인다. Remez(2001)에 의하면, 심리 음향학 측면에서 청각 체계(sensory system)는 어떤 소리 체계는 무시하고, 어떤 소리 체계는 과장하면서 범주화로 받아들인다고 하였다. 이는 지각 단계에서 신호의 왜곡 현상을 유효하게 설명해주고 있다. 이 견해를 받아들인다면, 영어 파열음에 존재하는 많은 시구간신호 중에서 모음구간과 파열(혹은 VOT)구간은 영어 화자들에게 선호하는 신호이고, 폐쇄구간신호는 무시하는 신호임에는 틀림이 없다. 음향 단계에서 여러 신호가 들어오지만, 지각 단계에서는 개방 신호와 접근 신호에 관련된 신호가 주로 지각될뿐더러 지각된 신호들 사이에도 서열이 존재한다. CV 환경에서는 파열 / VOT 신호가 가장 강하게 지각되고, 후행 모음구간이 그 뒤를 잇는다. VCV 환경에서는 여러 음향 신호가 지각단계로 넘어오지만, 선행모음구간이 가장 강력한 신호이고, VOT / 파열은 그 뒤를 잇는다. VC 파열 환경에서는 선행모음구간이 가장 강력하고, 파열 신호가 그 뒤를 이으며, VC 비파열 환경에서는 선행모음구간이 유일하면서 가장 강력한 신호이다. 이를 종합하면, 전체적인 맥락에서 VOT가 우수한 신호임에는 틀림이 없지만 선행모음구간에 비하면 그 중요성은 감소한다.

　결론적으로 신호의 우수성은 음향보다는 지각에 의하여 결정되고, 두 측면 사이에는 비대칭이 존재한다. 유/무성 지각에 있어서 개별 신호들은 음향과 지각에서 동등한 정도의 대응을 보이지는 않으며, 더구나 지각 측면에서는 명확한 서열이 결정된다. 주로 접근 신호와 관련된 선행모음 신호와 개방 신호와 관련된 파열/VOT, 후행모음이 주요한 지각 신호로 작용을 하며, 개별 신호 중에는 선행모음구간이 가장 강력한 신호이다. 이 신호가 우수한 지각 작용을 갖는 것은 주로 이 모음구간에 구현되는 F1, F2, F0의 스펙트럼 신호 때문으로 보이며, 특히 강약 환경에서는 음고저(pitch)가 강하게 투영되는 것이 결정적 원인으로 추측된다. 이 스펙트럼 신호에 대한 지각 능력 연구는 차후 과제로 미룬다.

참고문헌

[1] A. Liberman, P. Delattre, F. Cooper, Some rules for the distinction between voiced and voiceless stops in initial position. Language Speech. 1. 153-167. 1958.

[2] L. Lisker, S. Abramson, A cross-language study of voicing in initial stops: Acoustical measurements. Word, 20, 384-422. 1964.

[3] L. Lisker, S. Abramson, Some effects of context on voice onset time in English Stops. Language and Speech 10, 1-28. 1967.

[4] L. Lisker, S. Abramson, Distinctive features and laryngeal control. Language. 47. 766-785. 1971.

[5] M. Plauché, Acoustic cues in the directionality of Stop consonant confusions. Doctoral Dissertation. University of California, Berkeley. 2002.

[6] D. Byrd, 54,000 American stops. UCLA Working Papers in Phonetics,83. 1993.

[7] D. Massaro, M. Cohen, Consonant / vowel ratios: An improbable cue in speech. Perception & Psychophysics 33. 501-505. 1983.

[8] L. Lisker, Closure duration and the intervocalic voiced-voiceless distinctions in English. Language. 33. 42-49. 1957.

[9] D. Parker, K. Kluender, Trading relations in speech and nonspeech. Perception & Psychophysics. 39. 129-42. 1986.

[10] J. Kingston, R. Diehl, Phonetic knowledge. Language 70-3. 1994.

[11] P. Delattre, A. Liberman, F. Cooper, Acoustic loci and transitional cues for consonants. Journal of the Acoustical Society of America. 27. 769-773. 1955.

[12] T. Nearey, Speech perception as pattern recognition. Journal of Acoustical Society of America. 101(6) 3241-3253. 1997.

[13] G. Iverson, Salmons, Aspiration and laryngeal representation in Germanic. Phonology 12. 369-396. 1995.

[14] W. Serniclaes, P. Bejster, Cross-language differences in the perceptual use of voicing cues. In Harry & Patricia Hollien (Eds.), Amsterdam studies in the theory and history of linguistic science IV. Amsterdam: Amsterdam-John

Benjamin B.V. 1979.

[15] 강석한. 영어 파열음 유/무성대조 구현화에 대한 신호인허가설 접근. 2005년 봄 한국언어학회 발표집.

[16] Yeni-Komshian, G., Caramazza, A., & Preston, M. 1977. A study of voicing in Lebanese Arabic. Journal of Phonetics. 5. 35-48.

[17] Liberman, M. Mattingly, G. 1985. The Motor Theory of speech perception revised. Cognition. 21. 1-36.

[18] Kingston, J. Diehl, R. 1994. Phonetic knowledge. Language. 70. 419-454.

[19] H-S, Park, Temporal and spectral characteristics of Korean phonation types. Doctoral Dissertation. The University of Texas at Austin. 2002.

[20] J. Hillenbrand, T. Gayvert, Open-source software for experimental design and control. ms. (http://homepages.wmich.edu/~hillenbr), 2004.

[21] 양병곤. 청각도구 Alvin 사용법. 2005. ms.

[22] R. Remez, The interplay of phonology and perception considered from the perspective of perceptual organization. In E. Hume, J. Keith, (Eds.), The role of speech perception in phonology. London: Academic Press. 2001.

[23] D, Steriade, The phonology of perceptibility effect: the P-map and its consequences for constraint organization. MIT. ms. 2001.
<http://web.mit.edu/linguistics/www/bibliography/steriade.html>

[24] M. Liberman, G. Mattingly, The Motor Theory of speech perception revised. Cognition 21. 1-36. 1985.

[25] 이석재. 폐쇄자음군의 폐쇄구간 축소에 따른 위치성 지각에 대한 재해석. 말소리 45. 2-14. 2003.

[26] L. Lisker, 'Voicing' in English: a catalogue of acoustic features signaling / b / versus / p / in trochees. Language and Speech 29, 3-11. 1986.

[27] D. Parker, K. Kluender, Trading relations in speech and nonspeech. Perception & Psychophysics. 39. 129-42. 1986.

[28] J. Liljencrants, B. Lindblom, Numerical simulations of vowel quality systems: The role of perceptual contrasts. Language. 48. 839-862. 1972.

[29] S. Flemming, Auditory representation in phonology. Doctoral Dissertation. UCLA. 1995.

다양한 수준의 한국인 영어학습자의 영어 파열음의
구간 신호 지각 연구

Ⅳ

Ⅳ. 다양한 수준의 한국인 영어학습자의
영어파열음의 구간 신호 지각 연구*

〈Abstract〉

A Perceptual Study of the Temporal Cues of English Plosives for Leveled Groups of Korean English Learners

Seok-han Kang, Hansang Park

This study explores the most important temporal cues in the perception of the voiced/voiceless distinction of English plosives in terms of newly defined measures of perception: original signal to response agreement, unit signal to response agreement, and robustness. Seven native speakers of English and three leveled groups of Korean English learners participated in the present study. The results showed that both native speakers of English and Korean groups failed to successfully perceive the voiced/voiceless distinction of English plosives, particularly alveolar plosives, in word-medial trochaic positions. The results also showed that in word-initial and word-medial iambic positions both native speakers of English and Korean groups employ the information in the release burst and aspiration in the perception of the voiced/voiceless distinction of English plosives, and that in word-final positions native speakers of English employ the information in the preceding vowel, while Korean groups employ the information in the closure interval.

* Key words: English plosives, Temporal cues, Signal to response agreement rate, robustness.

---

* 본 연구는 강석한(인천대), 박한상(홍익대)과 공동으로 연구되었으며, 대한음성학회 말소리 56호(2005. 12)에 게재되었다.

1. 서 론

영어 파열음은 / p, b, t, d, k, g / 등 모두 6개로서 세 가지 조음 위치에서 무성음과 유성음이 각각 존재한다. 영어 파열음의 유 / 무성 대조는 음향적인 측면과 인지적인 측면에서 많은 연구가 이루어져왔다. 음향적인 측면에서는 VOT[1][2][3], 파열 구간[4], 선행모음[5], 폐쇄구간 및 폐쇄중 유성구간[6], F0 및 F1[7], F2[8] 등의 시간 및 스펙트럼상의 음성매개변수들에 의하여 유 / 무성음의 차이가 규명되었으며, 인지적인 측면에서는 VOT[9][10], 폐쇄구간[11], 포만트 전이[12][13][14] 등에 의하여 유 / 무성음의 인지가 규명되었다.

기존의 연구에서는 각 음성매개변수가 유 / 무성의 대조에 영향을 미치는지 여부에 초점을 맞추어 선행모음, VOT, 폐쇄구간, 후행모음의 음성적 특징에 차이가 있다는 점과 선행모음, VOT, 폐쇄구간, 후행모음 등의 길이를 조작하거나 후행모음구간에 나타나는 스펙트럼상의 특성인 F0나 포만트 전이를 조작한 합성음을 이용한 인지 실험을 통해 각각의 음성매개변수가 유 / 무성음의 인지에 영향을 미친다는 점을 밝혔다. 그러나 이러한 연구들은 각 음성매개변수가 유 / 무성 대조의 인지에 미치는 영향이 어떻게 다른지 밝히지 못하였다. 가령 어중 환경에서 유 / 무성음의 구별에 역할을 하는 선행모음, 폐쇄구간, VOT, 후행모음 중 어느 것이 유 / 무성 대조의 인지에 가장 결정적인 영향을 미치는지를 밝히지 못했다. 만약 VOT가 가장 결정적인 인지 단서라면 후행모음에 나타나는 F0나 포만트 전이는 덜 중요하거나 전혀 중요하지 않을 수도 있으며 이런 가운데 후행모음에 나타나는 F0나 포만트 전이가 영향을 미친다고 주장하는 것은 한계가 있다는 것이다. 개별적인 인지 단서의 연구는 어떤 구간이 가장 큰 영향력을 행사하는지를 밝힌 다음에 그 구간에 있는 인지 단서부터 연구할 때에 그 의의가 있다. 뿐만 아니라 선행 연구들은 영어 파열음의 유 / 무성 대조에 영향을 미치는 각각의 인지 단서가 어느 정도 중요성이 있다 하더라도 그것들이 인접한 구간의 인지 단서와 어떤 상호 작용을 하는지 그리고 각각의 인지 단서들 사이에 어떤 상관관계가 있는지도 제대로 밝히지 못하였다. 기존의 연구들은 어두, 어중, 어말 등 환경별로, 양순음, 치조음, 연구개음 등 조음 위치별로, 원어민과 한국인 등 화자의 배경 언어별로, 그리고 영어 학습자의 수준별로 각 인지 단서가 유/무성 대조의 인지에 미치는 영향에 어떤 차이가 있는지 종합적으로 살펴보지 않았다.

본 연구는 이런 한계를 극복하기 위하여 어두의 CV 환경(#CV), 어중의 VCV 환경(VCV), 어말의 VC 환경(VC#)에서 나타나는 영어의 파열음을 선행모음구간, 폐쇄구간, VOT 구간, 후행 모음구간으로 나누어 각 구간이 영어 파열음의 유/무성 대조의 인지에 어떤 영향을 미치는지 살펴본다. 본 연구를 위하여 환경 및 조음위치별로 유/무성 대조를 보이는 최소대립어를 선정하여 녹음한 다음 특징적인 구간으로 나누어 각 구간신호를 조합하여 자극을 만들고 인지 실험을 수행한 다음 "원신호 정답률", "신호-반응 일치도", 그리고 "단위 신호 강인도"를 새로 정의하여 그 결과를 분석한다.

본 연구는 각 구간에서 영어 파열음의 유/무성 대조의 인지에 영향을 미치는 인지 단서가 시간상의 단서이든 스펙트럼의 단서이든 각각의 인지 단서를 개별적으로 살펴보는 것이 아니라 각각의 단서가 들어 있는 단위 구간 중 어떤 구간이 영어 파열음의 유/무성 대조의 인지에 가장 큰 영향력을 행사하는지 밝히는 데 의의가 있다. 본 연구는 영어 청취 능력 시험 결과에 따라 한국인 학생들을 세 집단으로 구분하여 영어 파열음 유/무성 대조의 지각도 차이를 살펴본다는 점에서도 의의가 있다. 본 연구의 결과는 학생들이 취해야 할 영어 파열음의 유/무성 대조인지 전략에 대해서 시사하는 바가 있다는 점에서도 의의가 있다.

2. 연구 방법

1) 자 극

　지각 실험용 자극을 만들기 위해 37세, 28세의 두 명의 미국인 남성 화자를 선정하여 녹음하였다. 한 사람은 Illinois 주에서 나서 자랐고 다른 한 사람은 Chicago에서 성장하여 모두 미국 표준 영어라 할 수 있는 Midwestern 방언을 사용하는 사람들이었다. 두 사람 모두 언어병력이 없었으며 정상적인 발음을 하였다.

　지각 실험용 자극을 만들기 위해 어두(#CV), 어중(VCV), 어말(VC#) 등 세 환경에서 그리고 양순음, 치조음, 연구개음 등 세 조음 위치에서 유／무성 대조를 보이는 최소대립쌍을 선택하였다. 어중 환경은 유／무성 대립이 강세 유형에 따라 어떤 차이를 보이는지 살펴보기 위하여 강약(trochaic) 강세와 약강(iambic) 강세를 보이는 환경으로 다시 나누었다. 선정된 단어 중 일부는 실제 영어 단어이고 일부는 존재하지 않는 단어들이었다. 선정된 단어들은 다른 요인의 영향을 피하기 위하여 동일한 환경에서 나타나도록 틀 문장에 넣었다. 각각의 환경에서 사용한 단어들과 틀 문장은 다음과 같다.

　(1) 어두:　　　　　　단　어: pad, bad, tad, dad, cad, gad
　　　　　　　　　　　틀 문장: '＿＿again, please'
　(2) 어중:
　　　1) 강약(trochaic)　단　어: dapper, dabber, dadder,
　　　　　　　　　　　　　　　　datter, dacker, dagger
　　　　　　　　　　　틀 문장: 'Say＿＿again.'
　　　2) 약강(iambic)　단　어: pad, bad, tad, dad, cad, gad
　　　　　　　　　　　틀 문장: 'Say the＿＿, again'

(3) 어말: 단   어: pad, bad, tad, dad, cad, gad
               틀 문장: 'Say___.'

선정된 단어들은 각 환경별로 유/무성음의 대립을 제외하고는 모두 동일
한 조건에서 실현된다. #CV 환경에서는 단어들이 모두 〔-æd〕로 끝난다.
VCV 환경에서는 강약 운율에서는 모두 〔dæ-〕로 시작해서 〔-ə〕로 끝나고
약강 환경에서는 모두 〔-æd〕로 끝난다. VC# 환경에서는 단어들이 모두
〔dæ-〕로 시작한다. 이와 같이 단어들을 틀 문장 속에 넣어 이루어진 문장을
화자들로 하여금 3회 반복하여 읽도록 하여 녹음하였다. 본 연구를 위한 녹
음은 방음 처리된 인천대학교 방송실에서 헤드폰용 Shure SM10A 마이크
와 Sony DAT, TASCAM DA-P1을 이용하여 이루어졌다. 녹음된 음성
은 표본추출률을 44,100㎐로 하고 양자화를 16bit로 하여 디지털화하였다.
  2인의 원어민 화자가 녹음한 음성 중 필자들의 최선의 판단으로 미국 표
준 발음에 가장 가깝게 발음된 자료를 골라 지각 실험용 자료를 만들었다.
모음-자음-모음(VCV) 연결체는 선행모음-폐쇄-개방파열-기식-후행
모음의 연결체라는 점을 고려하여 특징적인 단위 구간들로 나누었다. 개방
파열은 매우 짧아 뒤에 따라오는 기식과 합쳐 하나의 단위로 간주하였다.
Praat 4.3.19를 이용하여 파형과 스펙트로그램에서 뚜렷이 구분되는 지점
에 커서를 놓고 영교차점을 찾아 그 지점에서 단위 구간을 나누었다. 〈그림
1~8〉에 각 환경별로 조음위치가 양순음인 유/무성음의 단위 구간신호를
분절한 예가 나와 있다.
  〈그림 1~2〉에 나타나 있듯이 어두 환경(〔#Cæd〕)에서는 선행모음이 없
어 폐쇄구간(Closure), 개방 파열+기식(Release Burst+Aspiration),
후행모음(Post-Vowel) 등 세 구간으로 나누었다. 본 연구에서 분석하고자
하는 자음이 아닌 후행모음 뒤의 〔d〕는 별개의 구간으로 나누지 않고 후행
모음에 포함시켰다. 어두 환경에서는 무성음에서 폐쇄구간의 길이를 측정할
수 없지만 유성음의 '유성 선행(voice lead)' 구간과 동일한 길이를 가진

구간을 폐쇄구간으로 설정하였다.

〈그림 3~6〉에 나타나 있듯이, 어중 강약 환경([dæCə]) 혹은 어중 약
강 환경([ðəCæd])에서는 선행모음, 폐쇄구간, 개방 파열+기식, 후행모음
으로 나누었다. 어중 강약(trochaic) 환경에서는 본 연구에서 분석하고자
하는 자음이 아닌 선행모음 앞의 [d]는 별개의 구간으로 나누지 않고 선행
모음에 포함시켰고 약강(iambic) 환경에서는 선행모음 앞에 나오는 [ð]와
후행모음에 따라 나오는 [d]는 각각 선행모음과 후행모음에 포함시켰다.

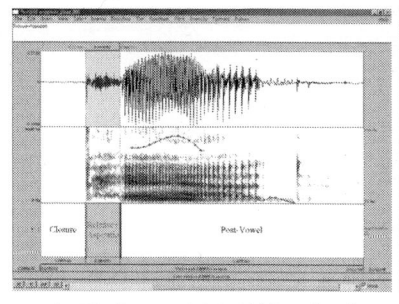

〈그림 1〉 pad의 구간신호 나누기

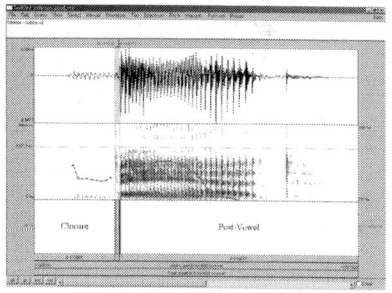

〈그림 2〉 bad의 구간신호 나누기

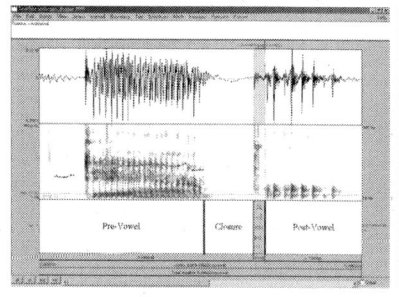

〈그림 3〉 dapper의 구간신호 나누기

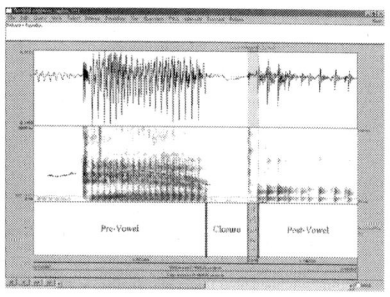

〈그림 4〉 dabber의 구간신호 나누기

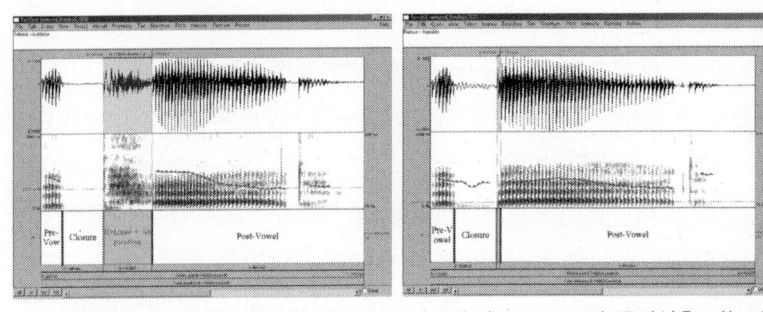

〈그림 5〉 the pad의 구간신호 나누기　〈그림 6〉 the bad의 구간신호 나누기

〈그림 7~8〉에 나타나 있듯이, 어말 환경 ([dæC#])에서는 후행모음이 없어 선행모음, 폐쇄구간, 개방 파열 등 세 부분으로 나누었다. 본 연구에서 분석하고자 하는 자음이 아닌 선행모음 앞의 [d]는 별개의 구간으로 나누지 않고 선행모음에 포함시켰고, 개방 파열 이후의 약 170㎳의 구간을 개방 파열에 포함시켰다.

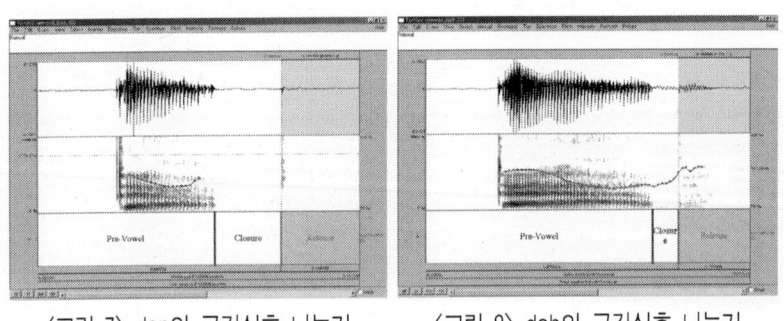

〈그림 7〉 dap의 구간신호 나누기　〈그림 8〉 dab의 구간신호 나누기

각 환경에서 단위 구간신호의 길이가 〈표 1〉에 제시되어 있다. 〈표 1〉에서 길이의 단위는 ㎳이다.

<표 1> 각 환경에서의 단위 구간신호의 길이

환 경	단 어	선행모음	폐 쇄	개방파열+기식	후행모음
어 두	pad		110	61	240
	bad		110	8	287
	tad		110	68	260
	dad		110	10	286
	cad		112	81	267
	gad		112	34	276
어중 강약 (trochaic)	dapper	164	55	20	101
	dabber	173	58	13	134
	datter	169	17	21	114
	dadder	178	20	20	113
	dacker	152	52	50	101
	dagger	165	41	20	106
어중 약강 (iambic)	the pad	50	92	112	302
	the bad	55	98	10	390
	the tad	48	91	82	332
	the dad	68	98	10	371
	the cad	87	91	25	381
	the gad	60	81	93	342
어 말	dap	220	149	181	
	dab	378	72	181	
	dat	209	194	182	
	dad	371	36	181	
	dack	200	176	179	
	dag	398	61	185	

이와 같이 유성음과 무성음 각각에 대하여 단위 구간으로 나누고 무성음 신호는 0을 주고 유성음 신호는 1을 주어 부호화하였다. 선행모음, 폐쇄, 개방파열+기식, 후행모음을 이진수의 자리로 놓고 부호화된 값을 조합하여 지각 실험 자극을 만들었다. 어두 환경의 첫 번째 자리인 선행모음과 어말 환경의 마지막 자리인 후행모음은 신호가 없는 빈 자리여서 각각 x를 주었다.

예를 들면, 어두 환경에서 원래의 무성음은 x000이고, 어중 환경에서 원래의 유성음은 1111이며, 어말환경의 유성음은 111x이다. 다음으로 각각의 자리에서 무성음과 유성음 사이에 신호를 맞바꾸고 구간신호를 이어 붙여 가능한 모든 조합을 만들었다. 어두에서는 x000부터 x111까지 모두 8가지의 자극이 만들어졌고, 어중에서는 0000부터 1111까지 16가지의 자극이 만들어졌으며, 어말에서는 000x부터 111x까지 8개의 자극이 만들어졌다. 예를 들어 x001은 어두 환경에서 폐쇄와 개방파열+기식은 원래의 무성음으로부터 신호를 얻고 후행모음은 무성음으로부터 만든 자극을 의미한다. 마지막으로 어말 환경은 실제 발화에서 개방파열이 나타나기도 하고 나타나지 않기도 하여 개방파열을 없애고 00xx부터 11xx까지 네 가지 자극을 더 만들었다. 이 결과 한 조음위치에 대하여 총 52개(어두 8+어중 강약 16+어중 약강 16+어말 파열 8+어말 비파열 4)의 자극이 만들어졌다.

2) 피실험자

본 지각 실험에는 원어민 7명, 한국인 22명이 참가하였다. 원어민 피험자들은 한국에서 일하고 있는 대학 영어 강사들이며 한국인 대학생 집단들의 결과와 비교하기 위해 실험에 포함시켰다. 원어민 피험자의 신상정보는 〈표 2〉와 같다.

〈표 2〉 원어민 피험자

	국적 및 성장지	나 이	한국거주기간
R.R.	미국(Chicago)	28	1년
C.D.	미국(Chicago)	37	3년
D.F.	캐나다(Alberta)	28	1년
J.M.	캐나다(Toronto)	26	1년
K.I.	캐나다(Toronto)	28	1년
D.W	캐나다(Alberta)	26	2년
D.N	오스트레일리아(Sydney)	32	1년

한국인 피험자들은 대학교 1학년에 재학 중이며, 영어 II 과목을 수강 중인 학생 중 22명을 2005년 7월에 실시된 모의 TOEIC 시험의 듣기 평가 결과를 기준으로 상, 중, 하 집단으로 나누어 선발하였다. 1학년의 모의 TOEIC 듣기 부분 결과는 총 응시생 1500명 중 최고 92점(변환점수 485점), 최저 18점(변환점수 50점)이며, 평균점수는 42.5점(변환점수 196.6점)이다. 상위 집단은 10위에서 35위에 해당하는 학생들로서 듣기점수는 77점에서 60점까지 분포한다. 중간 집단 학생들은 180위에서 360위에 해당하는 학생들로서 53점에서 48점까지 분포하며, 하위 집단 학생들은 810위에서 950위에 해당하는 학생들로서 41점에서 39점까지 분포한다.

인지 실험은 저자 중 한 명이 Praat의 ExperimentMFC 스크립트로 만든 프로그램을 이용하여 실시하였다. 본 연구에서 사용된 프로그램의 한 화면이 〈그림 9〉에 나타나 있다.

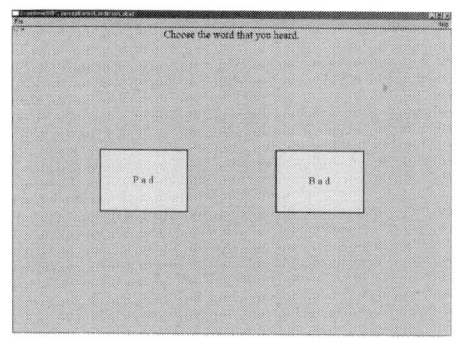

〈그림 9〉 실험에 사용한 프로그램의 한 화면

각각의 자극은 3회 반복하여 무작위로 배열하였다. 피실험자들은 유성음과 무성음 중 해당하는 단어에 마우스를 눌러 선택하도록 하였다. 피실험자들은 개별적으로 연구실로 찾아와 저자의 감독하에 헤드폰을 끼고 소리를 들으며 실험을 실시하였으며 실험 시간은 1인당 약 30분 걸렸다. 피실험자들의 반응은 모두 텍스트 파일로 저장하였고 저장된 파일을 SPSS 12.0을 이용하여 통계 처리하였다.

지각 실험의 결과는 "원신호 정답률"과, "신호-반응 일치도", "단위 신호 강인도" 등 세 가지 척도를 정의하여 분석하였다. 원신호 정답률은 특정 무성음 혹은 유성음 원래의 신호(따라서 어두 무성음은 x000, 어두 유성음은 x111, 어중 무성음은 0000, 어중 유성음은 1111, 어말 무성음은 000x, 어말 유성음은 111x)에 대한 반응의 일치도로 정의된다. 원신호 정답률은 원래의 신호가 유/무성음의 구별이 얼마나 어려운가를 알아볼 수 있는 척도로서 이것이 낮을수록 유/무성음의 구별이 어렵다는 것을 의미한다.

신호-반응 일치도는 단위 구간신호의 부호와 반응의 부호가 일치하는 정도를 말한다. 예를 들어 어두의 개방파열+기식이 무성일 때 반응이 무성이면 신호-반응이 일치하는 것이며 개방파열+기식의 신호가 무성일 때 반응이 유성이거나 그 반대의 경우 신호-반응이 일치하지 않는 것이다. 신호-반응 일치도는 신호의 부호가 0일 때 반응이 0이거나 신호의 부호가 1일 때 반응이 1인 경우가 전체 반응에서 차지하는 비율을 나타낸 것으로서 신호와 반응이 모두 일치할 경우 신호-반응 일치도는 100%다(신호 0: 반응 0일 경우 최대 50%, 신호와 반응이 모두 1일 때 최대 50%). 신호-반응 일치도가 50%라는 것은 신호-반응 불일치도도 50%이므로 의미가 없다. 그리고 신호-반응의 불일치가 신호 1을 반응 0으로 해서인지 신호 0을 반응 1로 해서인지는 알 수 없다. 신호-반응 일치도가 낮으면 그 구간의 신호는 다른 구간의 신호보다 유/무성의 인지에 미치는 영향력이 낮다는 것을 의미한다. 이 척도는 각각의 단위 구간신호가 유/무성의 지각에 미치는 영향력을 볼 수 있는 척도다. 신호-반응 일치도가 높다는 것은 신호와 반응이 일치하는 비율이 높은 것이므로 유/무성의 인지가 다른 구간의 신호보다 그 구간의 신호에 영향을 더 많이 받는다고 해석할 수 있다.

마지막으로 단위 신호 강인도는 자극의 단위 구간신호 중에서 단 하나의 구간만 다를 때(예를 들면 x001이나 x010에서) 그 단 하나의 신호가 다른 신호에 관계없이 반응과 일치하는 정도, 예를 들면 x010이 자극으로 주어졌을 때 반응이 1인 비율을 나타낸다. 이 척도는 주어진 신호가 다른 신호들에 차폐(masking)당하지 않고 동일한 반응을 이끌어 내는가를 봄으로써 그 신호가 지각에 미치는 영향력을 살펴볼 수 있다. 단위 신호 강인도는 주변 신호와 다른 유일한 신호의 부호와 반응의 부호가 일치하는 비율을 나타내므로 최대 100%의 강인도를 보일 수 있다. 100%의 강인도를 보이는 단위 구간신호는 유/무성의 인지에 가장 강력한 영향을 미치는 구간임을 나타내고, 0%의 강인도를 보이는 단위 구간신호는 전혀 영향력이 없음을 나타내며, 50%의 강인도를 보이는 단위 구간신호가 부호가 다른 나머지 다른 구간신호와 대등한 영향력을 가진 것으로 해석할 수 있을 것이다. 50% 이하의 강인도도 어느 정도 의미가 있으나 나머지 구간의 신호가 영향력이 더 크다는 것을 의미한다. 단위 신호 강인도는 신호-반응 일치도에 이미 반영되어 있다. 특히 어두 및 어말 환경에서는 정답률과 강인도를 합치면 전체 신호-반응 일치도와 같다. 반면에 어중 환경에서는 신호-반응 일치도 중 일부만을 나타낸다. 이런 점에서 단위 신호 강인도가 신호-반응 일치도보다 유/무성의 인지에 미치는 영향력을 더 잘 나타낸다고 볼 수 있다.

3. 연구 결과

1) 원신호 정답률

원어민과 한국인 집단들 사이에는 약간의 차이가 있었다. 원어민 집단은 원신호 정답률이 94.6%, 한국인 상위 집단은 87.1%, 중간 집단이 90.2%, 하위 집단이 78.4%가 나왔다. 예상한 대로 원어민의 원신호 정답률이 가장 높았으며 한국인 집단의 원신호 정답률은 상대적으로 낮았다. 한국인 집단

내에서는 상위〉중간〉하위 집단 순으로 정답률이 높을 것으로 예상했으나 예상과 달리 중간 집단이 상위 집단보다 약간 더 높았다. 환경별로는 어두 환경과 어중 약강 환경에서 96.7%, 어말 파열 환경에서 93.2%, 어말 비 파열 환경에서 80.7%, 어중 강약 환경에서 70.8%의 원신호 정답률을 보 여 주었다. 조음 위치별로는 연구개음 94.0%, 양순음 89.0%, 치조음 79.8%의 원신호 정답률을 보여주었다. 원어민과 한국인 집단별로, 그리고 환경별로 나타난 정답률이 〈그림 10~13〉에 제시되어 있다.

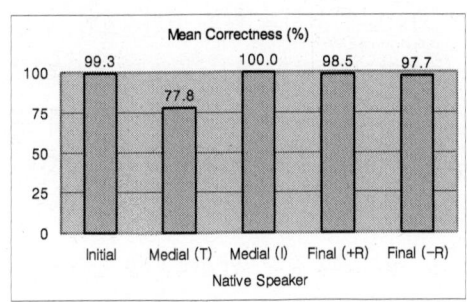

〈그림 10〉 원어민 집단의 정답률

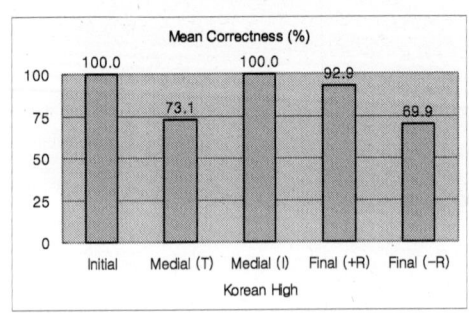

〈그림 11〉 한국인 상위 집단 정답률

〈그림 10~13〉에 나타나 있듯이 원어민은 어중 강약(Medial (T)) 환 경을 제외하고는 원신호 정답률이 100%이거나 100%에 가깝고, 한국인

상위 및 중간 집단은 어두(Initial), 어중 약강(Medial (I)), 어말 파열 (Final (+R)) 환경에서 원신호 정답률이 100%에 가까우며, 한국인 하위 집단은 모든 환경에서 원신호 정답률이 상대적으로 낮다. 원신호 정답률이 90%가 넘는다는 것은 신호와 반응이 거의 일치한다는 것을 의미한다. 한 국인 집단에서는 공통적으로 어중 강약(Medial (T)) 환경과 어말 비파열 (Final (-R)) 환경의 원신호 정답률이 다른 환경에 비해 낮았다. 이는 한 국인 피실험자 집단에서는 강세 유형이나 개방 파열의 유무가 상대적으로 유/무성의 인지에 큰 영향을 미친다는 것을 의미한다.

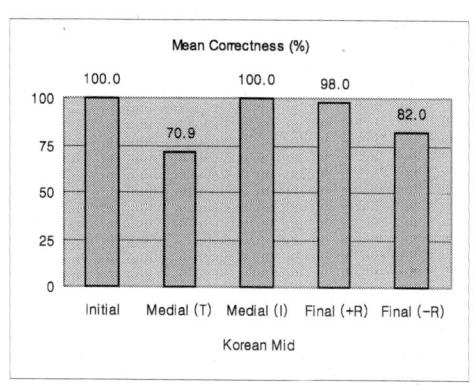

〈그림 12〉 한국인 중간 집단 정답률

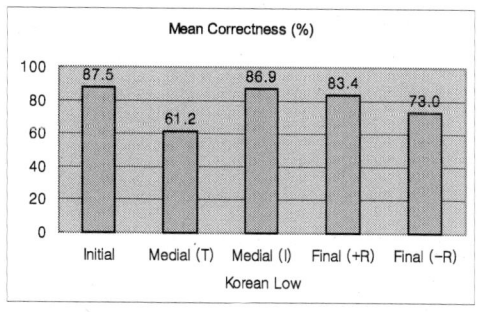

〈그림 13〉 한국인 하위 집단 정답률

한편 원어민은 어중 강약(Medial (T)) 환경에서는 한국인 집단과 유사한 결과를 나타냈으나 어말 비파열(Final (-R)) 환경에서는 한국인 집단보다 원신호 정답률이 현저히 높았다. 이 결과는 원어민들에게도 어중 강약(Medial (T)) 환경에서는 유/무성의 구별이 쉽지 않음을 의미한다. 어중 강약 환경에서 조음위치별 원신호 정답률이 〈그림 14〉에 제시되어 있다. 〈그림 14〉에 나타나 있듯이 원신호 정답률은 연구개음〉양순음〉치조음의 순서로 나타났으며 치조음의 정답률이 현저히 낮았다. 이는 어중 강약 환경에서 / t / 와 / d / 가 중화되는 현상 때문으로 보인다. 집단별로는 원어민의 원신호 정답률이 가장 높았으며 한국인 집단은 영어 수준에 따라 상위〉중간〉하위의 순서로 원신호 정답률의 차이를 보였다. 어말 비파열 환경에서 조음위치별 원신호 정답률이 〈그림 15〉에 제시되어 있다.

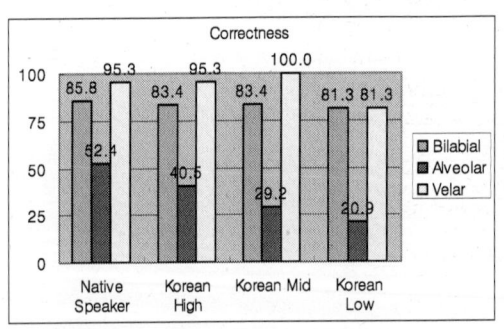 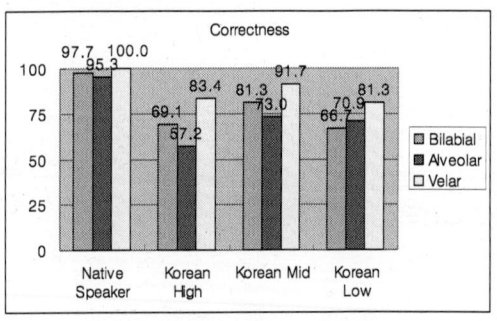

〈그림 14〉 어중 강약 환경에서 조음위치별 정답률   〈그림 15〉 어말 비파열 환경에서 조음위치별 정답률

〈그림 15〉에 나타나 있듯이 어말 비파열(Final (-R)) 환경에서 원신호 정답률은 한국인 하위 집단을 제외하고는 연구개음〉양순음〉치조음의 순서로 나타났으며 치조음의 정답률이 가장 낮았다. 한국인 하위 집단은 연구개음〉치조음〉양순음의 순서로 나타났다. 어말 비파열(Final (-R)) 환경에서 원어민의 정답률이 한국인 집단에 비해 높은 것은 개방 파열 구간의 정

보가 없어도 다른 구간신호에 유성음과 무성음을 구별할 수 있는 단서, 예컨대 선행모음의 길이가 있어 구분이 쉽기 때문으로 보인다. 이 환경에서 한국인 피실험자 집단의 정답률이 상대적으로 낮은 것은 원어민이 사용하는 지각 단서를 잘 이용하지 못하고 어말의 파열 개방 신호에 많이 의존하기 때문으로 보인다.

　원어민과 한국인 집단 모두 어중 강약 환경에서는 신호-반응 일치도나 단위 신호 강인도가 낮을 것임을 예고하며 한국인 집단에서는 어말 비파열 환경에서 신호-반응 일치도가 낮을 것임을 예고한다.

2) 신호-반응 일치도

　신호-반응 일치도는 선행모음, 폐쇄, 개방파열+기식, 후행모음 등 신호별로 그 결과를 제시한다.

(1) 선행모음

　선행모음은 어두환경에는 나타나지 않고 어중과 어말 환경에만 나타난다. 선행모음의 신호-반응 일치도가 〈그림 16~19〉에 제시되어 있다. 환경별로 보면 원어민과 한국인 집단 모두에서 어중 약강 환경에서 선행모음의 신호-반응 일치도가 가장 낮다. 이는 어중 약강 환경에서 선행모음이 유/무성의 인지에 별로 영향을 미치지 못함을 의미한다. 즉 선행모음 이외의 다른 구간신호가 유/무성의 인지에 상대적으로 더 큰 영향을 미친다는 것을 의미한다. 어말 환경에서는 선행모음의 신호-반응 일치도가 상대적으로 높은데 이는 어말 환경에서 선행모음이 유/무성의 인지에 미치는 영향력이 크다는 것을 의미한다. 즉 선행모음 이외의 다른 구간신호는 유/무성의 인지에 미치는 영향력이 상대적으로 낮음을 의미한다. 모든 집단에서 어말 비파열 환경의 신호-반응 일치도가 높은데 이 환경에서는 개방 파열이 없기 때문에 나머지 두 구간신호, 즉 선행모음과 폐쇄구간에만 의존하며 그중 선행모음에 더 많이 의존하기 때문으로 보인다.

조음위치별로는 모든 집단에서 어중 강약 환경과 어말 비파열 환경에서 치조음의 신호-반응 일치도가 다른 조음 위치보다 낮다. 특히 어중 강약 환경의 경우 치조음의 신호-반응 일치도가 현저히 낮은데 이는 치조음에 선행하는 모음이 유/무성의 인지에 별로 영향력이 없음을 의미한다. 반면 양순음과 연구개음에 선행하는 모음의 신호-반응 일치도는 매우 높은데 이는 양순음과 연구개음에 선행하는 모음이 유/무성의 인지에 영향력이 큼을 의미한다. 이 경우 선행모음의 특성 중 어떤 요소의 영향력이 큰지는 분명치 않으나 선행모음의 길이가 중요한 역할을 하는 것으로 보인다. 어중 강약 환경에서 치조음의 신호-반응 일치도는 원어민과 한국인 집단 사이에 뚜렷한 차이가 있음을 알 수 있다. 이는 원어민이 치조음의 유/무성을 구분할 때 선행모음에 있는 정보에 상대적으로 많이 의존하고 있음을 의미한다.

집단별로 보면 전체적으로는 한국인과 원어민 집단 간에 혹은 한국인 집단 간에 커다란 차이는 보이지 않지만 원어민이 한국인 집단들보다 어말 환경에서 더 높은 신호-반응 일치도를 보인다. 이는 원어민들이 한국인들보다 어말 환경에서 유/무성음을 구분할 때 선행모음에 있는 정보에 더 많이 의존한다는 것을 의미한다. 이 경우 선행모음의 특성 중 어떤 요소의 영향력이 큰지는 분명치 않으나 선행모음의 길이가 중요한 역할을 하는 것으로 보인다.

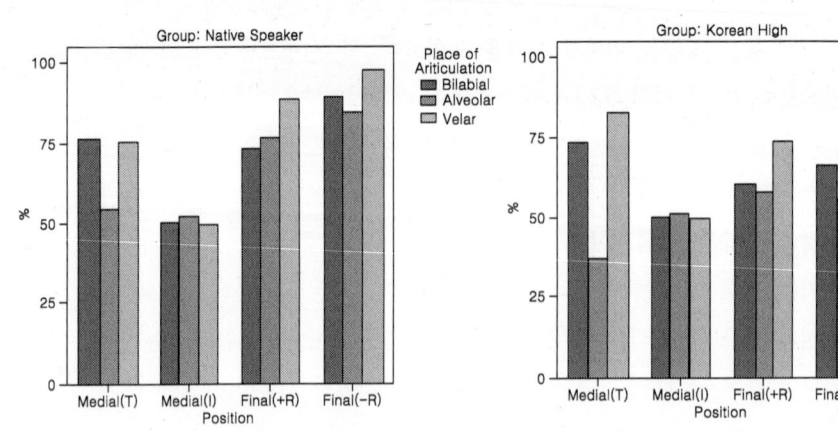

〈그림 16〉 원어민 일치도　　　　〈그림 17〉 한국인 상위 집단 일치도

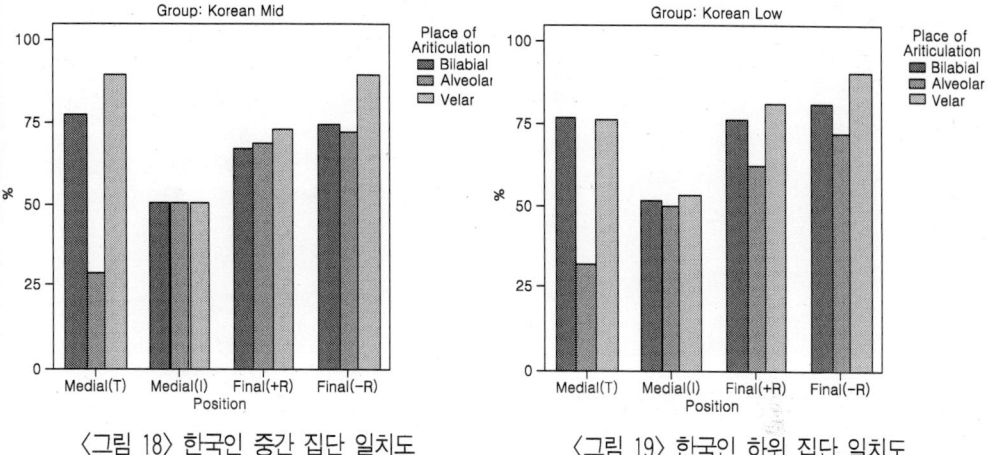

〈그림 18〉 한국인 중간 집단 일치도   〈그림 19〉 한국인 하위 집단 일치도

(2) 폐 쇄

폐쇄구간은 모든 환경에서 나타난다. 선행모음의 신호-반응 일치도가
〈그림 20~23〉에 제시되어 있다.

집단별로는 신호-반응 일치도에 별다른 차이가 없다. 환경별로는 어말
파열 환경에서 다른 환경보다 신호-반응 일치도가 상대적으로 더 높은데
특히 치조음의 신호-반응 일치도가 높다. 이는 어말 파열의 경우 유/무성
음 간에 폐쇄구간의 길이 차이가 큰 데서 원인을 찾을 수 있는 것으로 보인
다. 어말 파열 환경을 제외하고는 전체적으로 폐쇄구간의 신호 반응 일치도
가 유/무성음의 인지에 별로 영향을 미치지 못하는 것으로 보인다.

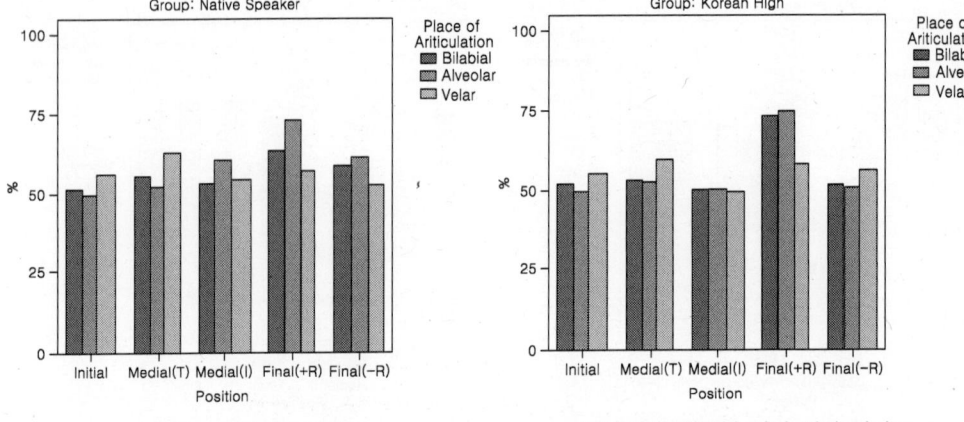

〈그림 20〉 원어민 일치도   〈그림 21〉 한국인 상위 집단 일치도

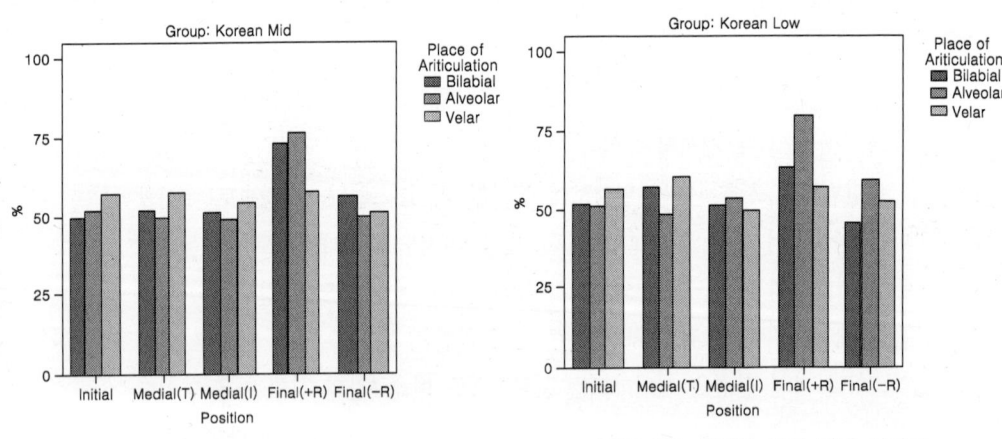

〈그림 22〉 한국인 중간 집단 일치도   〈그림 23〉 한국인 하위 집단 일치도

(3) 개방 파열 및 기식

개방 파열 및 기식은 어말 비파열 환경에서는 나타나지 않는다. 개방 파열 및 기식 구간의 신호-반응 일치도가 〈그림 24~27〉에 제시되어 있다.

환경별로 보면 모든 집단에서 어두와 어중 약강 환경에서 신호-반응 일치도가 거의 100%에 가깝다. 반면에 어중 강약이나 어말 파열에서는 신호-반응 일치도가 대체로 50%에 가깝다. 이는 어두와 어중 약강 환경에서 개방 파열 및 기식이 유/무성음의 구분에 미치는 영향이 거의 절대적이고 나머지 환경에서는 그렇지 못함을 의미한다. 어중 강약이나 어말 파열에서는 다른 구간의 신호에 더 많이 의존하는 것으로 보인다.

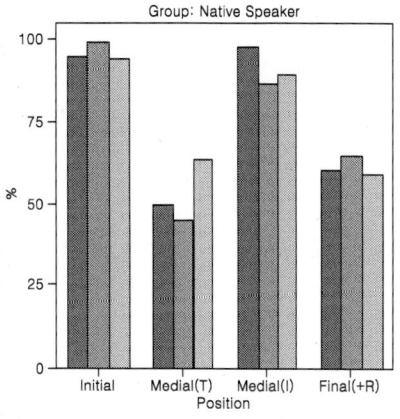

〈그림 24〉 원어민 일치도

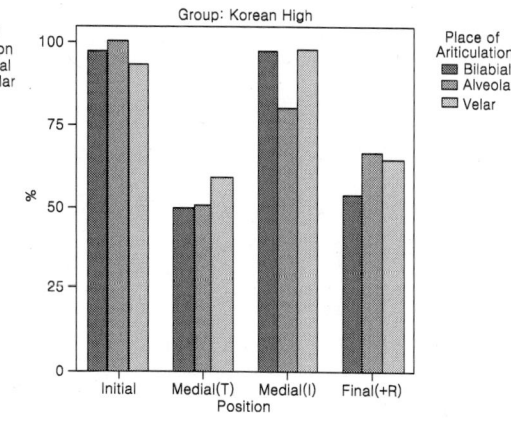

〈그림 25〉 한국인 상위 집단 일치도

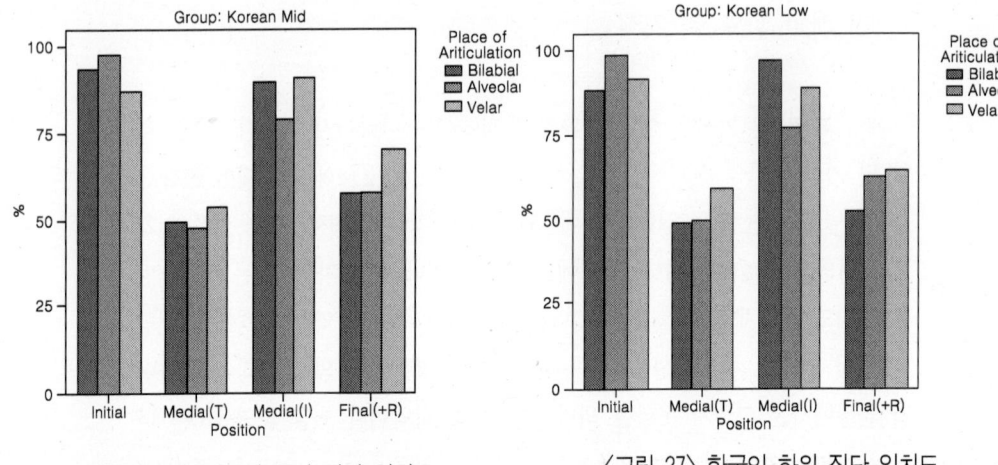

〈그림 26〉 한국인 중간 집단 일치도   〈그림 27〉 한국인 하위 집단 일치도

조음 위치별로는 치조음의 신호-반응 일치도가 어두 환경에서는 다른 조음 위치보다 다소 높고 어말 파열 환경에서는 다른 조음 위치보다 다소 낮다. 어중 강약 환경에서 연구개음의 신호-반응 일치도가 다른 조음 위치보다 다소 높다. 이것은 무성음과 유성음의 대립이 중화되기 쉬운 어중 강약 환경에서도 연구개음은 상대적으로 유/무성음 간에 개방 파열 및 기식 구간이 구분이 더 분명하여 유/무성음의 구분에 상대적으로 더 크게 기여하고 있음을 의미한다.

집단별로는 원어민과 한국인 집단 사이에 그리고 한국인 집단 사이에 두드러진 차이를 발견할 수 없다. 원어민과 한국인 모두 어두 환경과 어중 약강 환경에서 개방 파열+기식이 유/무성의 인지에 중요한 역할을 하고 있으나 어중 약강 환경에서는 개방 파열+기식이 유/무성의 인지에 별로 중요한 역할을 하지 못함을 알 수 있다.

(4) 후행모음구간

후행 모음은 어말 환경에서는 나타나지 않는다. 후행 모음구간의 신호-반응 일치도가 〈그림 28~31〉에 제시되어 있다. 후행모음구간에 대해서는 전체적으로 신호-반응 일치도가 낮다. 이는 후행 모음이 유／무성음의 구별에 별로 영향을 미치지 못함을 의미한다. 환경별로는 후행모음의 신호-반응 일치도가 어중 약강 환경에서 다른 환경보다 약간 더 높다. 조음 위치별로는 치조음 다음에 나타나는 모음의 신호-반응 일치도가 다른 조음 위치 다음에 나타나는 모음에 비해 더 높고 어두 위치에서는 약간 더 낮다. 집단 간에는 신호-반응 일치도의 두드러진 차이가 발견되지 않는다.

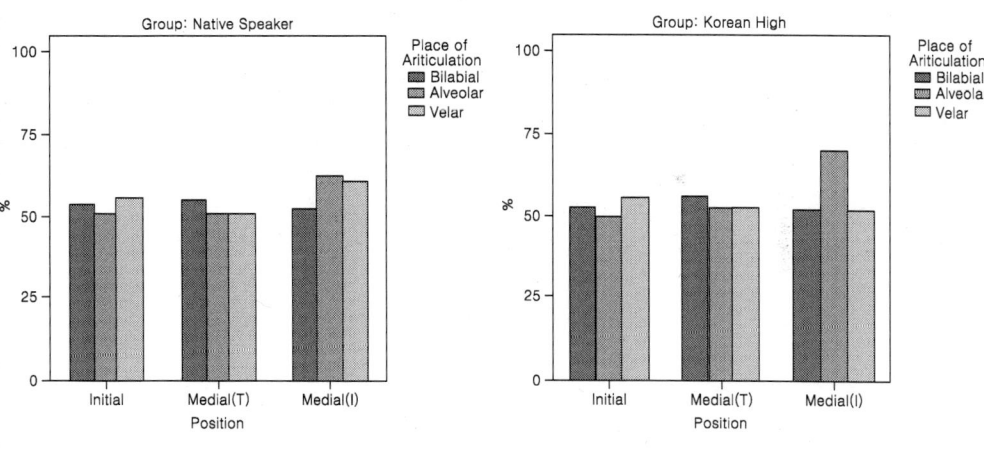

〈그림 28〉 원어민 일치도　　　　〈그림 29〉 한국인 상위 집단 일치도

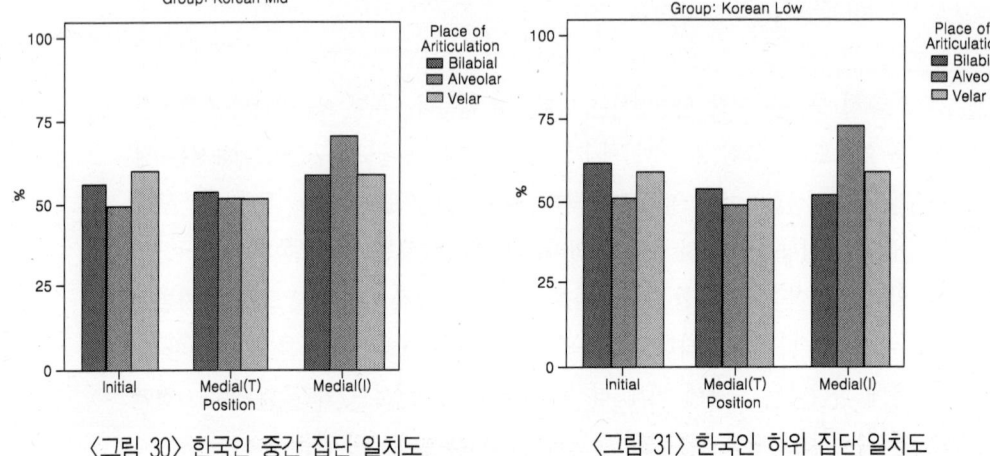

〈그림 30〉 한국인 중간 집단 일치도   〈그림 31〉 한국인 하위 집단 일치도

3) 단위 신호 강인도

단위 신호 강인도는 선행모음과 폐쇄구간신호로 구성된 어말 비파열 환경에서는 의미가 없어 나타내지 않았다. 세 개의 구간신호로 이루어진 어두나 어말 파열보다는 어중 환경에서 단위 구간 강인도가 더 큰 의미를 가질 수 있다. 집단별로 단위 구간 강인도를 제시한다.

(1) 어두 환경

어두 환경에서의 단위 신호 강인도가 〈그림 32~35〉에 자극별로 제시되어 있다. 〈그림 32~35〉에서 가로 축에는 자극이 부호화되어 나타나 있다. 가로 축에서 첫 세 자극은 무성음에 유성 단위 신호가 들어가 있는 것(x100, x010, x001)이며 나머지 세 자극은 유성음에 무성 신호가 들어가 있는 것(x011, x101, x110)이다. 어두 환경에서는 선행모음구간이 없으므로 모든 자극이 x로 시작한다. 자극에서 x 다음에 나타나는 부호의 자리는 폐쇄, 개방 파열+기식, 후행모음의 순서로 강인도와 관련된 단위 신호 구간을 의미한다.

무성음에 유성 단위 신호가 들어가 있는 것(x100, x010, x001)과 유성음에
무성 신호가 들어가 있는 것(x011, x101, x110) 중 각각의 첫 번째 나타나
는 자극은 각 구간의 부호가 정반대이다. 즉 첫 번째 자극 x011과 네 번째
자극 x100, 두 번째 자극 x010과 다섯 번째 자극 x101, 그리고 세 번째 자
극 x001과 여섯 번째 자극 x110은 단위 구간신호의 부호가 정반대다. 이와
같이 부호가 서로 반대인 자극들 사이에 단위 구간신호의 강인도는 서로 상보
적인 것이거나 모두 높거나 모두 낮은 것이 아닐 수도 있다.

〈그림 32~35〉에 나타나 있듯이 개방파열+기식 구간을 나타내는 x010
에서 단위 신호 강인도는 100%에 가까우며 그 상대인 x101에서도 매우
높다. 그 외의 구간을 나타내는 자극에서는 단위 신호 강인도가 낮다. 이것
은 다른 신호가 무엇이든 간에 개방파열 및 기식이 유/무성의 구분에 가장
큰 영향력을 가지고 있음을 의미한다. 그런데 두 자극 x010과 x101 사이
에 단위 구간신호의 강인도가 서로 상보적이지 않고 모두 큰 것은 흥미롭
다. 이것은 단위 구간신호, 즉 x010에서는 1이 그리고 x101에서는 0이
서로 판이하게 다른 인지 요소를 가지고 있어서가 아니라 그 단위 구간신호
의 길이에 차이가 있기 때문이다. 즉 개방 파열+기식의 길이가 길면 무성
음으로 인식하고 길이가 짧으면 유성으로 인식한다는 것을 의미한다.

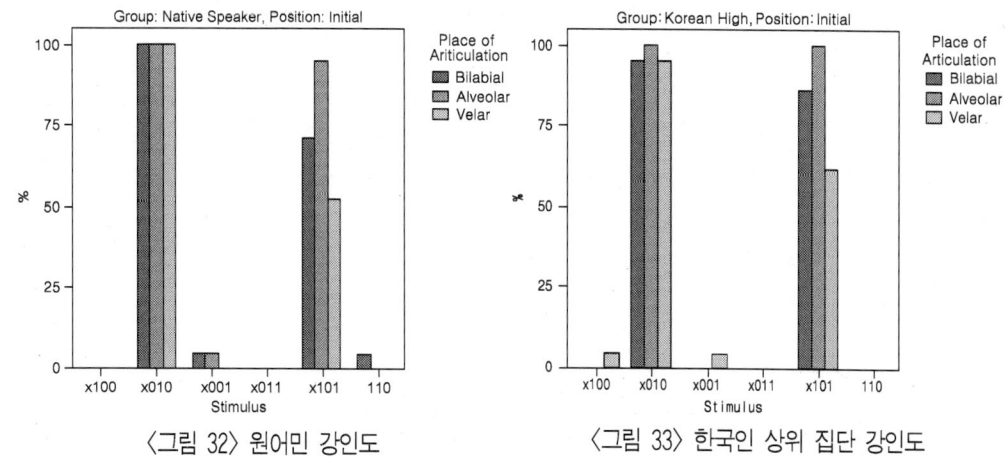

〈그림 32〉 원어민 강인도   〈그림 33〉 한국인 상위 집단 강인도

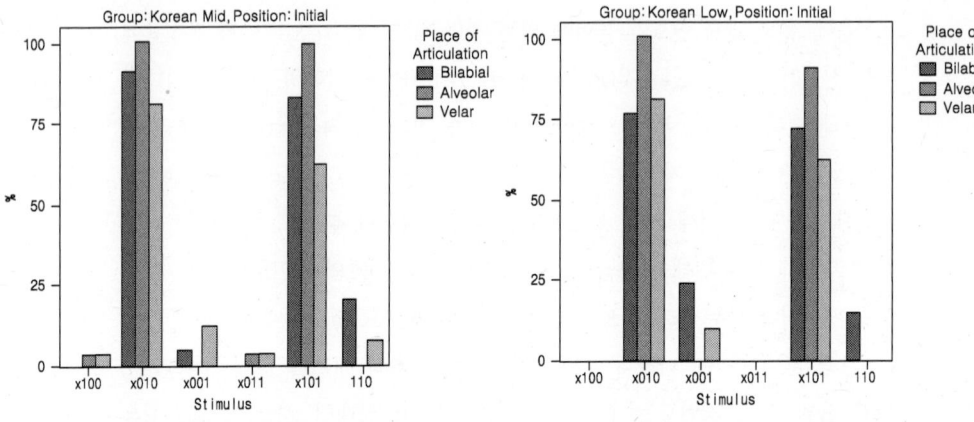

〈그림 34〉 한국인 중간 집단 강인도   〈그림 35〉 한국인 하위 집단 강인도

조음위치별로는 치조음이 집단에 관계없이 그리고 배경 신호의 유 / 무성에 관계없이 100%에 가까운 단위 신호 강인도를 보이고 있다. 배경 신호가 유성 신호가 주어졌을 때 무성 신호의 강인도는 치조음 〉 양순음 〉 연구개음의 순서로 차이를 보이고 있다.

(2) 어중 강약 환경

어중 강약 환경에서의 단위 신호 강인도가 〈그림 36~39〉에 자극별로 제시되어 있다.

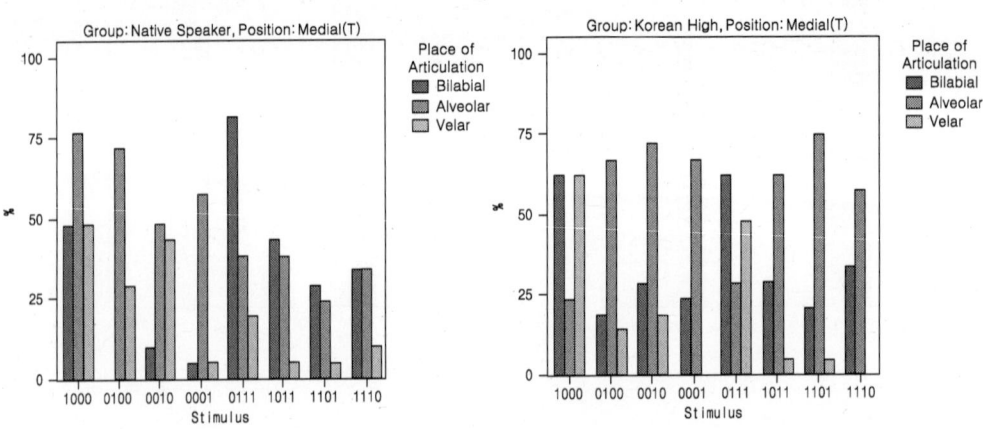

〈그림 36〉 원어민 강인도   〈그림 37〉 한국인 상위 집단 강인도

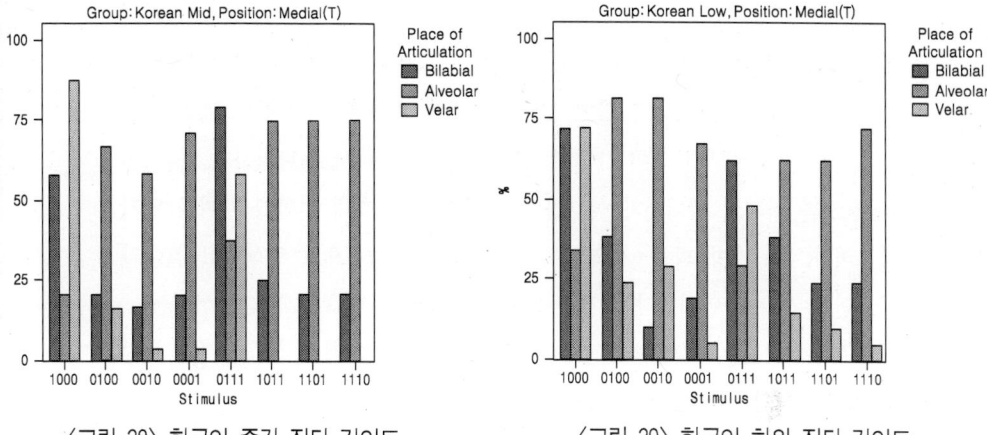

〈그림 38〉 한국인 중간 집단 강인도 　　　〈그림 39〉 한국인 하위 집단 강인도

　　가로 축에서 첫 네 자극(1000, 0100, 0010, 0001)은 무성음에 유성 단위 신호가 들어가 있는 것이며 나머지 네 자극(0111, 1011, 1101, 1110)은 유성음에 무성 신호가 들어가 있는 것이다. 각 자극에서 부호의 자리는 선행모음, 폐쇄, 개방파열＋기식, 후행모음의 순서로 강인도와 관련된 단위 신호 구간을 의미한다. 무성음에 유성 단위 신호가 들어가 있는 것과 유성음에 무성 단위 신호가 들어가 있는 것 중 첫 번째 나타나는 자극은 각 구간의 부호가 정반대이다. 즉 첫 번째 자극 1000과 다섯 번째 자극 1110, 두 번째 자극 0100과 여섯 번째 자극 1011, 세 번째 자극 0010과 일곱 번째 자극 1101, 그리고 네 번째 자극 0001과 여덟 번째 자극 1110은 단위 구간신호의 부호가 정반대다. 이와 같이 부호가 서로 반대인 자극들 사이에 단위 구간신호의 강인도는 서로 상보적인 것이거나 모두 높거나 모두 낮은 것이 아닐 수도 있다.

　　원어민의 경우 선행모음구간을 나타내는 1000과 그 상대인 0111의 단위 신호 강인도가 다른 단위 신호에 비해 상대적으로 높다. 그 외의 구간을 나타내는 자극에서는 단위 신호 강인도가 낮다. 이것은 다른 신호가 무엇이든 간에 개방파열 및 기식이 유/무성의 구분에 가장 큰 영향력을 가지고 있음을 의미한다. 그런데 두 자극 x010과 x101 사이에 단위 구간신호의 강인도가 서로 상보적이지 않고 모두 큰 것은 흥미롭다. 이것은 단위 구간 신호, 즉 x010에서는 1이 그리고 x101에서는 0이 서로 판이하게 다른 인지 요소를 가지고 있어서가 아니라 그 단위 구간신호의 길이에 차이가 있기 때문이다. 즉 개방 파열+기식의 길이가 길면 무성음으로 인식하고 길이가 짧으면 유성으로 인식한다는 것을 의미한다.

조음위치별로는 치조음이 집단에 관계없이 그리고 배경 신호의 유/무성에 관계없이 100%에 가까운 단위 신호 강인도를 보이고 있다. 배경 신호가 유성 신호가 주어졌을 때 무성 신호의 강인도는 치조음〉양순음〉연구개음의 순서로 차이를 보이고 있다.

(3) 어중 약강 환경

어중 약강 환경에서의 단위 신호 강인도가 〈그림 40~43〉에 자극별로 제시되어 있다. 원어민과 한국인 집단의 구분 없이 개방 파열+기식 구간을 나타내는 0010과 그 상대인 1101의 단위 신호 강인도가 다른 단위 신호에 비해 상대적으로 높다. 그 외의 구간, 선행모음, 폐쇄, 후행모음구간을 나타내는 자극에서는 단위 신호 강인도가 상대적으로 낮다. 이것은 다른 신호가 무엇이든 간에 개방파열 및 기식이 유/무성의 구분에 가장 큰 영향력을 가지고 있음을 의미한다.

조음위치별로는 집단에 관계없이 배경 신호가 무성일 때 개방 파열 기식 구간에서 유성 치조음의 단위 신호 강인도가 가장 낮고, 배경 신호가 유성일 때는 집단에 관계없이 후행 모음구간에서 무성 양순음의 단위 신호 강인도가 가장 높다. 배경 신호가 유성 신호가 주어졌을 때 무성 신호의 강인도는 치조음〉양순음〉연구개음의 순서로 차이를 보이고 있다. 집단별로는 원어민의 경우 선행모음에서 바탕이 무성음 신호이고 단위 신호가 유성 양순음일 때 단위 신호 강인도가 높은 반면에 한국인 집단에서는 공통적으로 바탕이 유성음 신호이고 단위 신호가 무성 치조음일 때 단위 신호 강인도가 높은 것이 주목할 만하다. 전자의 경우 선행모음구간의 무성 양순음에 인지에 영향을 미치는 요소가 있다는 것을 의미하고 후자의 경우 후행모음구간의 치조음에 인지에 영향을 미치는 단서가 있음을 의미한다. 전자의 경우 선행모음의 길이에 거의 차이가 없음에도 불구하고(〈표 1〉 참조) 이런 결과를 초래한 것은 무엇 때문인지 현재로서는 알 수 없다. 후자의 경우 후행모음의 길이에 큰 차이가 있기 때문인 것으로 보인다(〈표 1〉 참조). 그러나 길이 차이 이외의 다른 요소의 영향이 있는지는 현재로서는 알 수 없다.

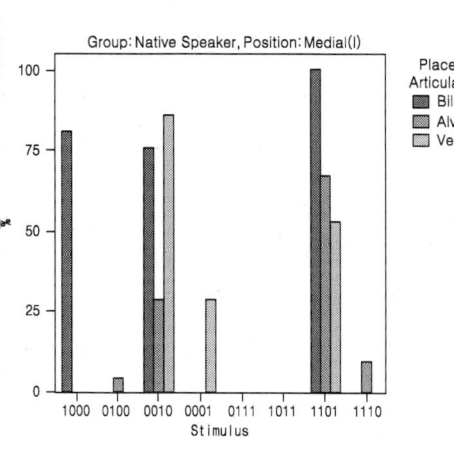

〈그림 40〉 원어민 강인도

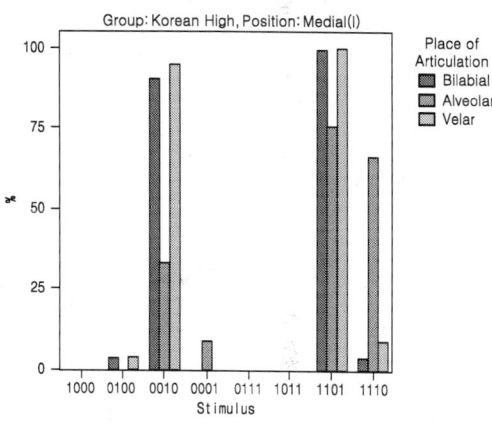

〈그림 41〉 한국인 상위 집단 강인도

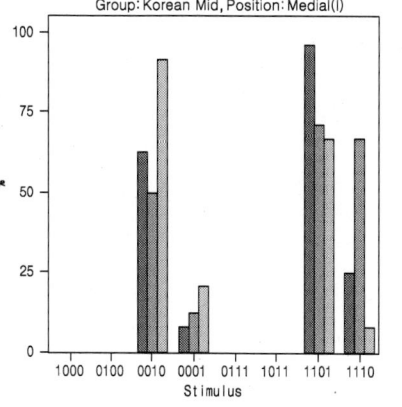

〈그림 42〉 한국인 중간 집단 강인도

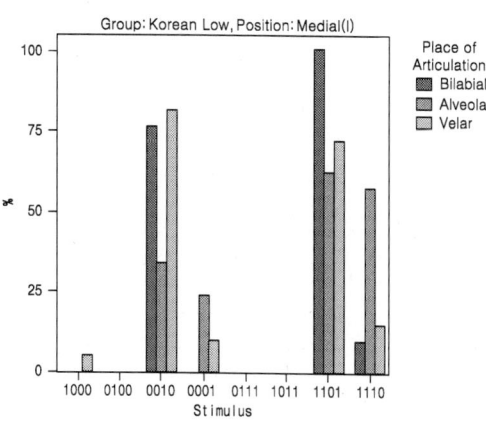

〈그림 43〉 한국인 하위 집단 강인도

(4) 어말 환경

어말 환경에서의 단위 신호 강인도가 〈그림 44~47〉에 자극별로 제시되어 있다. 위의 그림에서 가로 축에서 첫 세 자극은 무성음에 유성 단위 신호가 들어가 있는 것(100x, 010x, 001x)이며 나머지 세 자극은 유성음에 무성 신호가 들어가 있는 것(011x, 101x, 110x)이다. 어말 환경에서는 후행모음구간이 없으므로 모든 자극이 x로 끝난다. 자극에서 부호의 자리는 선행모음, 폐쇄, 개방파열의 순서로 강인도와 관련된 단위 신호 구간을 의미한다. 무성음에 유성 단위 신호가 들어가 있는 것(100x, 010x, 001x)과 유성음에 무성 신호가 들어가 있는 것(011x, 101x, 110x) 사이에 각 구간의 자극 부호가 정반대이다.

원어민의 경우 바탕 신호가 무성일 때 무성 선행모음의 단위 신호 강인도가 높은 반면에 한국인 집단의 경우 바탕 신호에 관계없이 선행모음 이외의 구간에서 단위 신호 강인도가 상대적으로 높다. 이것은 원어민의 경우 선행모음의 길이가 가장 큰 영향력을 가진 반면에 한국인의 경우 폐쇄 및 개방 파열 구간의 길이가 가장 큰 영향력을 가지고 있음을 의미한다.

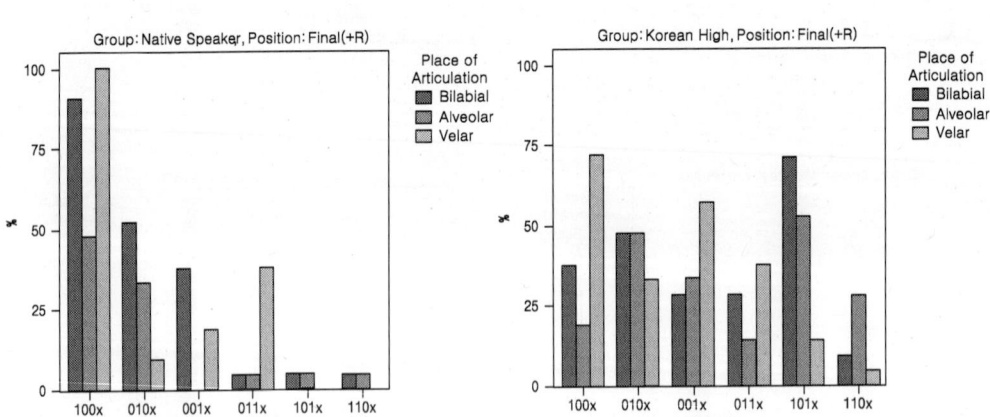

〈그림 44〉 원어민 강인도   〈그림 45〉 한국인 상위 집단 강인도

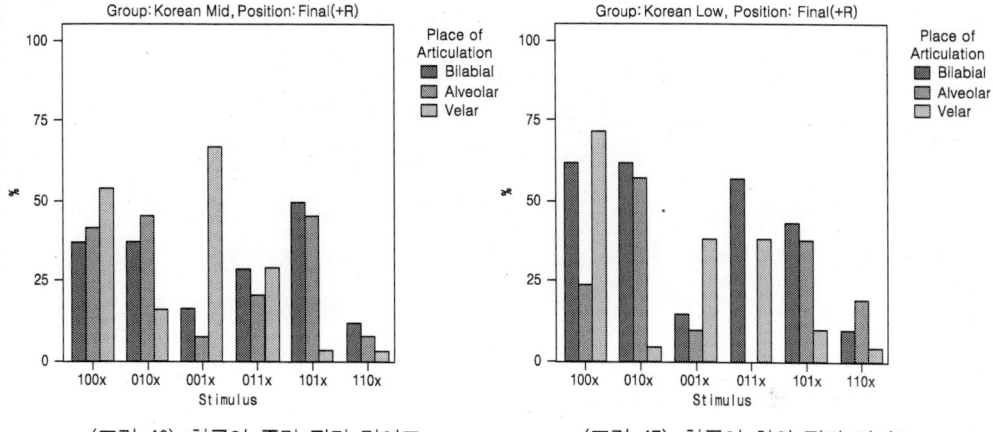

〈그림 46〉 한국인 중간 집단 강인도   〈그림 47〉 한국인 하위 집단 강인도

4. 토론 및 결론

　원신호의 유/무성음 구별의 정확도를 나타내는 원신호 정답률과 관련하여 집단별로는 원어민(94.1%)이 한국인 집단(85.2%)보다 원신호 정답률이 높았고 한국인 집단 간에는 중간 집단(90.2%) 〉 상위 집단(87.1%) 〉 하위 집단(78.4%) 순서로 원신호 정답률이 높았다. 한국어 집단을 TOEIC 청취 수준에 따라 구분하는 것은 큰 의미가 없지만 하위 집단은 전반적으로 유/무성 구분을 잘 못한다는 것을 의미한다. 환경별로는 원어민과 한국인 집단 구분 없이 어중 강약 환경에서 가장 원신호 정답률이 낮았다. 그러나 어말 비파열 환경에서는 원어민은 거의 100%에 가까운 정답률을 보였지만 한국인 집단은 공통적으로 낮은 정답률을 보였다. 이는 한국인 집단의 경우 개방 파열 구간이 없으면 유/무성을 잘 구별하지 못하는 것을 의미하며 개방 파열의 정보에 유/무성 인지를 많이 의존하고 있기 때문이다. 원어민과 한국인 집단 모두 어중 강약 환경에서 다른 환경보다 상대적으로 낮은 원신

호 정답률을 보여주었는데 이는 치조음의 원신호 정답률이 양순음과 연구개음의 그것에 비해 현저히 낮기 때문이다. 다만 어중 강약 환경에서 치조음의 원신호 정답률이 영어 수준의 차이를 가장 극명하게 보여주었다.

구간신호가 인지에 미치는 영향력을 알아보는 단위 신호 일치도를 구간신호별로 살펴본 결과 선행모음구간은 원어민이 한국인 집단보다 높았고 환경별로는 선행모음이 나타나지 않는 어두 환경을 제외하면 어말 환경이 가장 높고 어말 파열 환경이 그 다음으로 높고 어중 강약 환경이 그 다음으로 높고 어중 약강 환경이 가장 낮다. 조음 위치별로는 연구개음이 가장 높고 양순음이 그 다음으로 높으며 치조음이 가장 낮다.

다음으로 폐쇄구간은 원어민과 한국인 집단 사이에 별 차이가 없었다. 환경별로는 어말 파열 환경이 가장 높고 나머지 환경에서는 별 차이가 없었다. 조음 위치별로는 별 차이가 없었다.

개방 파열+기식 구간은 원어민과 한국인 집단 사이에 그리고 한국인 집단 사이에 별 차이가 없었다. 환경별로는 개방 파열+기식 구간이 나타나지 않는 어말 비파열 환경을 제외하면 어두 환경이 가장 높고 어중 약강 환경이 그 다음으로 높고 어말 파열 환경이 그 다음으로 높고 어중 강약 환경이 가장 낮다. 조음 위치별로는 별 차이가 없었다.

마지막으로 후행모음구간은 원어민과 한국인 집단 사이에 별 차이가 없었다. 환경별로는 후행모음구간이 나타나지 않는 어말 환경을 제외하면 환경 간에 별 차이가 없었다. 조음 위치별로는 별 차이가 없었다. 다만 한국인 집단에서는 어중 약강 환경에서 치조음이 다른 조음 위치보다 신호 반응 일치도가 다소 높았다.

단위 구간신호가 유/무성 인지에 미치는 환경별 영향력을 살펴볼 수 있는 단위 신호 강인도에서는 어두 환경에서는 모든 집단에서 개방 파열+기식이 두드러지게 높았으며 다른 구간신호 간에는 별 차이가 없었다. 그리고 모든 집단에서 조음 위치별로는 치조음이 가장 높았고 양순음이 그 다음으로 높았으며 연구개음이 가장 낮았다.

어중 강약 환경에서는 원어민의 경우 모든 구간에서 치조음의 단위 신호 강인도가 높았고 선행모음구간에서만 양순음의 단위 신호 강인도가 높았다. 한국인 집단에서는 선행모음구간에서는 치조음의 강인도가 가장 낮고 양순음과 연구개음의 단위 신호 강인도가 높은 반면에 나머지 환경에서는 치조음의 강인도가 가장 높고 양순음과 연구개음의 단위 신호 강인도는 매우 낮았다.

어중 약강 환경에서는 모든 집단에서 개방 파열 및 기식 구간에서 단위 신호 강인도가 매우 높았고 나머지 구간에서는 매우 낮았다. 조음 위치별로는 집단 구분 없이 개방 파열 및 기식 구간에서 치조음이 양순음이나 연구개음보다 단위 신호 강인도가 매우 낮았다. 원어민 집단의 경우 선행모음구간에서 양순음의 단위 신호 강인도가 두드러지게 높았으며 한국인의 경우 후행모음구간에서 치조음의 단위 신호 강인도가 매우 높았다.

어말 환경에서는 모든 집단에서 개방 파열 및 기식에서 단위 신호 강인도가 낮았다. 원어민의 경우 선행모음구간에서 단위 신호 강인도가 상대적으로 높은 반면에 한국인 집단의 경우 선행모음구간과 폐쇄구간 사이에 단위 신호 강인도의 차이가 별로 없었다. 조음 위치별로는 집단 구분 없이 선행모음구간에서는 치조음이 양순음이나 연구개음보다 단위 신호 강인도가 매우 낮았고 개방 파열 및 기식 구간에서 치조음이 양순음이나 연구개음보다 단위 신호 강인도가 높았다.

종합하면 원신호 정답률과 관련하여 원어민과 한국인 모두 어중 강약 환경에서 영어 파열음의 유 / 무성음의 구별이 어렵고 원어민과 달리 한국인 집단에서는 어말 파열 환경에서 영어 파열음의 유 / 무성음의 구별이 어려운 것으로 나타났다. 신호별 신호 - 반응 일치도와 관련하여 원어민과 한국인 모두 어두 환경과 어중 약강 환경에서 개방 파열 및 기식에 의존하고 원어민은 상대적으로 어말 비파열 환경에서 선행모음구간신호에 의존한다. 단위 신호 강인도와 관련하여 원어민과 한국인 모두 어두 환경과 어중 약강 환경에서는 파열 개방 및 기식에 의존하고 원어민은 어말 환경에서 선행모음구간에 주로 의존하는 반면에 한국인 집단은 상대적으로 폐쇄구간에 의존한다.

　본 연구에서 발견된 사실들은 한국인들이 영어의 파열음의 유/무성 대립을 인지할 때 어디에 초점을 맞추어야 하는지에 대해 시사하는 바가 있다. 원어민과 한국인 학생들이 영어 파열음의 유/무성 대립의 인지 시 의존하는 정보가 다른 경우 한국인 학생들은 한국어 인지 시 사용하는 전략을 배제하고 원어민이 취하는 전략을 적극적으로 취하도록 해야 한다.

참고문헌

[1] A. Liberman, P. Delattre, F. Cooper, "Some rules for the distinction between voiced and voiceless stops in initial position", *Language & Speech,*. Vol.1, pp.153-167, 1958.

[2] L. Lisker, A. Abramson, "A cross-language study of voicing in initial stops: acoustical measurements", *Word*, Vol.20, pp.384-422, 1964.

[3] T. Cho & P. Ladeforged, "Variation and universals in VOT: evidence from 18 languages", *Journal of Phonetics*, Vol.27, pp.207-229, 1999.

[4] D. Byrd, "54,000 American stops", *UCLA Working Papers in Phonetics*, Vol.83, pp.97-116, 1993.

[5] D. Massaro, M. Cohen, "Consonant/vowel ratios: An improbable cue in speech", *Perception & Psychophysics*, Vol.33, pp.501-505, 1983.

[6] L. Lisker, "Closure duration and the intervocalic voiced-voiceless distinctions in English", *Language*, Vol.33, pp.42-49, 1957.

[7] J. Kingston, R. Diehl, "Phonetic knowledge", *Language*, Vol.70, No.3, pp.419-454, 1994.

[8] P. Delattre, A. Liberman, F. Cooper, "Acoustic loci and transitional cues for consonants", *Journal of the Acoustical Society of America*, Vol.27, pp.769-773,

1955.

[9] L. Lisker, A. Abramson. "Some effects of context on voice onset time in English Stops", *Language and Speech*, Vol.10, pp.1-28, 1967.

[10] J. Benki, "Place of articulation and first formant transition pattern both affect perception of voicing in English", *Journal of Phonetic*, Vol.29, pp.1-22, 2001.

[11] D. Parker, K. Kluender, "Trading relations in speech and nonspeech", *Perception & Psychophysics*, Vol.39, pp.129-42, 1986.

[12] J. Pind. "The role of F1 in the perception of voice onset time and voice offset time", *Journal of the Acoustical Society of America*, Vol.67, pp.996-1013, 1999.

[13] M. Plauché, Acoustic cues in the directionality of Stop consonant confusions, Doctoral Dissertation, University of California, Berkeley, 2001.

[14] R. Kluender, "Effects of first formant onset properties on voicing judgements result from processes not specific to humans", *Journal of the Acoustic Society of America*, Vol.90, pp.83-96, 2001.

접수일자: 2005년 11월 22일
게재결정: 2005년 12월 16일

언어별, 연령별, 수준별 집단에 의한 모음간
영어 파열음 유 / 무성 인지 연구

V

V. 언어별, 연령별, 수준별 집단에 의한
모음간 영어 파열음 유 / 무성 인지 연구*

〈Abstract〉

A Perceptual Study on the Temporal Cues of English Intervocalic Plosives for Various Groups Depending on Background Language, English Listening Ability, and Age

Seok-Han Kang

In order to understand the various groups' perceptual pattern in both VCV trochee and iambus, this study examined the identification correctness and cue robustness for the unit intervals in light of background language, age, and English listening ability. The 4 groups of Native Speakers of English, Korean College Students of High Listening Achievement, Korean College Students of Low Listening Achievement, and Korean Elementary Students took part in the experiments. Tokens of / dæpər, dæbər, dætər, dædər, dækər, dægər / in trochee and of / ðə pæd, ðə bæd, ðə tæd, ðə dæd, ðə kæd, ðə gæd / in iambus were extracted and modified into experimental signals composed of two digits(voiced-1, voiceless-0) by following the temporal intervals, in which the signals

* 본 논문과 관련된 음성파일과 분석 자료는 www.webhard.co.kr(ID: kangseok, PW: guest)에서 다운받을 수 있습니다. 본 논문의 일부 내용이 2005년 제주대학교 국제언어학술대회에서 발표되었습니다. 비평과 조언을 주신 제주대학교 영어교육과 김종훈 교수님께 감사를 드립니다. 아울러 본 논문을 심사해주신 익명의 심사자님들께 감사를 드립니다. 본 논문은 한국음성학회 음성과학 제13권 제2호(2006년 6월)에 게재되었습니다.

consisted of preceding vowel, closure, VOT, and post-vowel. In the first experiment of identification correctness in VCV iambus environment, all groups showed almost 100% correctness rate, while in trochee environment all groups were different(native speaker 87%, college high 74%, college low 70%, elementary 65%). In the second experiment of cue robustness, all groups showed the similar perceptual pattern in both environments. There was the order of robustness cues in VCV trochee: pre-vowel 〉〉 closure 〉〉 VOT 〉〉 post-vowel, while the order in VCV iambus: VOT 〉〉 post-vowel 〉〉 closure 〉〉 pre-vowel. In some condition, however, we found moderately different perceptual pattern depending on language, age and listening level.

Key words: stops, perception, VOT, age difference, second language acquisition

1. 서 론

모음간 파열음 환경에서 유/무성 인지에 영향을 미치는 요소는 F0, 포먼트 전이(formant transition), 선행모음구간, 폐쇄구간, VOT 등이 있다. F0는 무성음인 경우 인접모음 부분에서 상승하는 패턴을 보이며, 유성음인 경우 하강한다(Ohde, 1984; Kinsgton & Diehl, 1994). 선행모음구간은 유성음일 경우 길며 무성음일 경우 짧아진다(Krause, 1982). 또한 이 환경에서는 폐쇄구간 길이가 유성음일 경우 짧고 성대진동이 나타나며, 무성음일 경우 구간 길이가 상대적으로 길고 성대진동이 나타나지 않는다(Lisker, 1981; Cazals & Palis, 1991). 어중자음에 나타나는 VOT도 또한 유의미한 신호로서 무성음일 경우 짧게나마 나타나고, 유성음은 나타나지 않는다(강석한, 2005a).

이러한 모음간 파열음에서 유/무성에 영향을 미치는 인지신호들이 강세에 의하여 달라질 수 있다는 점은 짐작할 수 있다. 일반적인 의미에서 강세를 받는 음의 음향학적 특징은 F0(pitch), 구간, 세기(loudness)에 있다고 알려지고 있다. 어중에서 강세를 달리했을 때, 강약 환경(trochee)과 약강 환경(iambus) 사이에 음향적인 특징이 다르게 구현되는데, 인식 측면에서도 어중자음이 강세의 전환에 의하여 인지가 달라진다는 연구가 일부 있었다. 강석한, 박한상(2005)의 파열음 유/무성 인지에 대한 연구에서 영어 원어민은 약강 환경(iambus)에서 VOT에 약 66% 정도 유/무성 인지를 의존하지만, 강약 환경(trochee)에서는 그 비율은 20% 정도로 떨어지고 대신에 선행모음구간에 약 50% 정도 의존한다고 보고하고 있다. 이는 강세의 변동에 의하여 유/무성 인지 신호가 바뀜을 보여주고 있다.

그러나 이러한 강세의 전환에 따라 달라지는 모음간 파열음 환경에서의 인지양상이 배경언어 변수에 의하여 차이를 보인다. Park & Kang(2005)의 영어, 중국어, 한국어 원어민을 대상으로 한 VCV 환경에서의 파열음 인지에 대한 연구에서 배경언어에 의하여 각기 다른 인지율을 보인다. 유/무성의 정확도를 측정하는 정인지율 검사에서 영어 원어민은 VCV 강약 환경에서 100%, 약강 환경에서 80%, 한국어 원어민은 강약 환경에서 100%, 약강 환경에서 72%, 중국어 원어민은 강약 환경에서 100%, 약강 환경에서 61%의 정인지율을 보였다. 특히 약강 환경에서는 공통적으로 VOT 신호에 의존하지만, 강약 환경에서는 영어 원어민과 한국인 원어민은 선행모음구간에 의존하는 비율이 상대적으로 높지만, 중국인 원어민은 선행모음구간, 폐쇄구간, VOT, 후행모음구간의 모든 신호에 공통적으로 의존하고 있었다.

배경언어 이외에도 연령과 학업능력을 변수로 하여 모음간 파열음 유/무성의 인지를 연구가 이루어져 왔다. MacKay 등(2001)은 캐나다로 이민온 이탈리아어 원어민 사용자를 대상으로 연령과 가정에서의 이탈리어 사용량의 변수를 가지고 자음 인지 실험을 행하였다. 그 결과 도착 연령(AOA: age of arrival)보다는 가정에서의 이탈리아어 사용량이 영어 습득에 결정적인 부정적 요인으로 작용함을 밝혀냈다. 양병곤(2005)은 영어 전공 집단과 비전공 집단으로 구분된 자음 인지 실험에서 영어 전공 집단이 87.7,

비전공자 집단이 83.8점으로 나타났다. 이는 피험자의 전공이나 수준에 따라 자음 인지율이 달라질 수도 있다는 사실을 보여주고 있다.

본 연구의 목적은 다음과 같다. 첫째로 자음 판별실험을 통하여 언어별(영어, 한국어), 수준별(청취 능력 상위층, 하위층), 연령별(대학생, 초등학생)로 나누어진 각 집단에 대하여 파열음 유/무성 인지가 강세의 전환에 의하여 어떻게 달라지는지를 살펴보려고 한다. 이는 각 배경별로 VCV의 두 환경(VCV강약, VCV약강)에서 자음판별 정도를 비교하여 각 집단 변인의 영향 정도를 파악하는 데 목적이 있다. 두 번째의 신호 강인도 실험을 통하여 각 집단의 신호 인지 형태를 비교 분석하기 위함이다. 이는 원어민의 신호 인지형태를 기준으로 수준별, 연령별로 한국인의 어느 집단이 원어민과 유사한 인지 모형을 갖는지를 비교하기 위함이다. 또한 이 실험을 통하여 각 집단을 넘어서는 공통의 신호가 존재하는지, 혹은 각 집단별로 독특한 신호가 존재하는지를 파악하려고 한다.

2. 실험 방법

1) 실험자료

두 명의 미국인화자가 실험자료를 만들기 위한 녹음에 참여하였다. 한 명은 38세의 미국 백인 남성이며 시카고(Chicago)에서 나고 자랐으며, 전직이 아나운서 출신이며 실험당시 기준으로 한국거주 2년차의 영어 강사이다. 또 다른 한 명은 27세의 미국 백인 남성이며 일리노이(Illinois) 주 스프링필드(Springfield) 출신이며 한국거주 6개월이 되는 영어 강사이다. 두 발화자 모두 발화상의 병력이나 문제는 없다.

유,무성별, 조음위치별로 영어 파열음의 최소 변별쌍이 선정되었다. 이를 틀 문장에 넣어서 발화를 하였다. 틀 문장은 다음과 같다.

(1) 강약 환경(trochee)

　　단　어: dapper, dabber, dadder, datter, dacker, dagger

　　틀 문장: 'Say____again.'

(2) 약강 환경(iambus)

　　단　어: pad, bad, tad, dad, cad, gad

　　틀 문장: 'Say the____again.'

　　선정 단어들은 유, 무성 대조를 이루는 쌍으로 이루어졌다. 발화자들은 3 회씩 틀 문장에 넣어서 무작위로 구성된 표를 보면서 읽었다. 녹음은 방음 처리가 된 인천대학교 방송실을 이용하였다. Shure SM10A 마이크와 TASCAM DA-P1 DAT 녹음기를 이용하였고, 표준화율 44,100㎐, 양자 화는 16bit로 하였다.

　　인지 실험을 위하여, 평균값에 유사한 발화단어를 선정하여 Praat 4.3.19를 이용하여 각 신호구간별로 분절을 하였다. 이때에 각 신호별 경계 선상에 위치한 영교차점에서 분절을 시도하였다. 인지 실험에 이용된 각 신 호별 구간길이는 다음과 같다.

<표 1> 각 신호별 구간길이

(단위: ㎳)

환　경	단　어	선행모음구간	폐쇄구간	VOT	후행모음구간
어중환경(강약)	dapper	164	55	20	101
	dabber	173	58	13	134
	datter	169	17	21	114
	dadder	178	20	20	113
	dacker	152	52	50	101
	dagger	165	41	20	106

환 경	단 어	선행모음구간	폐쇄구간	VOT	후행모음구간
어중환경(약강)	the pad	50	92	112	302
	the bad	55	98	10	390
	the tad	48	91	82	332
	the dad	68	98	10	371
	the cad	60	81	93	342
	the gad	87	91	25	381

각 구간신호는 무성(0)과 유성(1)으로 부호화시켜서 각 구간신호에 맞추어 인지 실험용 음을 구성했다. 따라서 VCV 환경에서는 강약이건 약강이건 각 조음위치별로 0000*, 0001, 0010, 0111, 0011, 0100, 1100, 1110, 1101, 1011, 1000, 1111의 12개로 구성되며, 강약 환경에서는 12(한 조음 위치당 조합음)*3(조음위치)*3(무작위 청취횟수)=108개, 약강 환경에서도 108개의 실험자료음을 듣도록 구성했다.

2) 피실험자

본 지각 실험에는 원어민 7명(미국인 2명, 캐나다인 5명), 한국인 대학생 청취능력 상위집단 6명, 한국인 대학생 청취능력 하위집단 7명, 초등학생 10명, 총 30명이 참가하였다. 원어민 피험자들은 한국에서 일하고 있는 대학 영어 강사들이다. 한국인 대학생 피험자들은 대학교 1학년에 재학 중이며, 영어 Ⅰ 과목을 수강 중인 학생 1500명 중 14명을 2005년 7월에 실시된 모의 TOEIC 시험의 듣기 평가 결과를 기준으로 상, 하 집단으로 7명씩 나누어 선발하였다. 1학년의 모의 TOEIC 듣기 부분 결과는 총 응시생 1500명 중 최고 92점(100점 만점), 최저 18점(100점 만점)이며,

---

* 0000 신호는 선행모음구간(무성) + 폐쇄구간(무성) + VOT(무성) + 후행모음구간(무성)
으로 구성된 실험자료음이라는 뜻이다.

평균점수는 42.5점이였으며, 상위 집단학생들은 10위에서 35위에 해당하는 학생들로서 듣기점수는 77점에서 60점까지 분포하며 평균점수는 65점이다. 상위 집단 7명 중 한 명의 결과는 동일집단의 타 피험자들과 너무 다른 결과를 보였으므로 조사에서 제외하여 결국 상위 집단은 6명을 기준으로 연구하였다. 하위 집단 학생들은 810위에서 950위에 해당하는 학생들로서 41점에서 39점까지 분포하며 평균 듣기 점수는 40.0이다. 초등학교 피험자들은 인천 교육청 관내 초등학교 학생들로서, 대학교의 방학 중 영어캠프에 참가한 5학년 학생들 중 무작위로 10명이 선정되었다. 그들의 일반적인 영어 경험은 평균적으로 2년이며, 주당 5시간 정도 공교육 혹은 사교육을 통하여 영어를 배우고 있는 것으로 조사되었다. 그들의 듣기 성취도는 알 수 없지만, 실험 전에 이루어진 설문조사에 의하면, 이들은 스스로 본인들의 학업성취도를 '상', '중', '하' 중 '상'으로 표시했고, 영어실력도 대부분 '상'으로 표시하였다. 이 대학교에서 실시하는 영어 캠프에는 일반적으로 우수한 초등학생들이 참여하는 경향을 고려한다면 초등학생 피험자들은 또래 집단보다 영어 실력이 우수하다고 볼 수 있다. 피험자들에 대한 전반적인 정보는 다음과 같다.

〈표 2〉 피험자 정보

집 단	배경 언어	국 적	성 별	평균연령 (년)	영어 경험	영어 듣기 능력
원어민	영 어	2 미국인 5 캐나다인	7 남성	31.1	–	–
대학생 상위 집단	한국어	6 한국인	3 남성 3 여성	19.9	7.2	65 / 100
대학생 하위 집단	한국어	7 한국인	4 남성 3 여성	20.1	7.0	40 / 100
초등학생	한국어	10 한국인	5 남성 5 여성	10.6	2	알 수 없음

3) 실험과정 및 측정방법

원어민과 한국인 피험자들은 Praat의 ExperimentMFC 스크립트를 이용하여 만든 프로그램을 통하여 실험에 참여하였다. 실험은 위에서 설명한 방법으로 만들어진 실험자료를 3회 반복하여 무작위로 배열한 실험자료들을 헤드폰을 통하여, 들리는 소리를 선택하도록 하는 방법으로 진행되었으며 실험 시간은 1인당 약 30분 걸렸다. 피실험자들의 반응은 모두 텍스트 파일로 저장하였고 저장된 파일을 SPSS 10.0을 이용하여 통계 처리하였다.

지각 실험의 결과는 "자음 판별 정답률"과 "목표 신호 강인도" 두 가지 척도를 정의하여 분석하였다. 자음 판별 정답률은 특정 무성음 혹은 무성음 원래의 신호(0000 혹은 1111)에 대한 반응의 일치도로 정의된다. 이 자음 판별 정답률은 원래의 신호가 유/무성음의 구별이 얼마나 어려운가를 알아 볼 수 있는 척도로서 이것이 낮을수록 유/무성음의 구별이 어렵다는 것을 의미하는 것으로 기존 지각 연구에서 많이 이용되어왔다(강석한, 2005a,b; 강석한·박한상, 2005; 양병곤, 2005; Hillenbrand 등, 1984; Crowther & Mann, 1992; Lisker, 1999; Redford & Diehl, 1999; MacKay 등, 2001; Park & Kang, 2005). 본 실험에서는 영어 원어민들은 100% 가까운 자음 판별 정답률을 보이는 반면, 한국인 피험자들은 정답률이 상당히 떨어질 것으로 예측하고 있다.

단위신호 강인도는 실험자료의 단위 구간신호 중에서 단 하나의 구간만 다를 때(예를 들면 0111이나 1101에서) 그 단 하나의 신호가 다른 신호에 관계없이 반응과 일치하는 정도, 예를 들면 0111이 실험자료로 주어졌을 때 반응이 0인 비율을 나타낸다. 이 척도는 주어진 신호가 다른 신호들에 차폐(masking)당하지 않고 동일한 반응을 이끌어 내는가를 봄으로써 그 신호가 지각에 미치는 영향력을 살펴볼 수 있다. 단위 신호 강인도는 주변 신호와 다른 유일한 신호의 부호와 반응의 부호가 일치하는 비율을 나타내므로 최대 100%의 강인도를 보일 수 있다. 100%의 강인도를 보이는 단위 구간신호는 유/무성의 인지에 가장 강력한 영향을 미치는 구간임을 나타내고, 0%의 강인도를 보이는 단위 구간신호는 전혀 영향력이 없음을 나타낸다. 산술적으로 본다면 4개의 구간신호가 출현하는 VCV에서는 한 신호당 평균적으로 25%의 강인도(유성 12.5%, 무성 12.5%)를 보이리라고 기대되며, 이보다 높다면 우수한 신호로, 이보다 낮으면 인지에 별 영향을 미치지 못하는 신호로 보인다.

이론적으로 '강인성'(robustness)개념은 주로 인지 음성학 및 음운론에서 빈번하게 다루어져 왔다. Burnham(1986)은 이를 음향적인 돋들림으로 해석하고 범언어적으로 분포되어 있지만, 음향학적으로 전혀 비슷하지 않는 대조를 의미한다고 보았다. Wright(2004)는 강인성을 인지에서 신호약화나 방해를 극복하기 위하여 "강력하게 인지되어지는 음운론적인 대조(a robustly encoded phonological contrast)"로 정의를 내렸다. 이 개념은 최근의 연구들(강석한, 2005a,b; 강석한·박한상, 2005; Park & Kang, 2005)에서 실험을 통하여 구체적인 수치로 환산되고 있다. 이 측정방법의 장점은 각 집단별로 음성 인지에 미치는 신호의 영향력을 잘 나타낼 뿐만 아니라, 각 집단별로 인지모형 형태를 분명하게 살펴볼 수 있다.

3. 결과 및 토의

1) 자음 판별 실험

(1) 집단별 정답률 비교

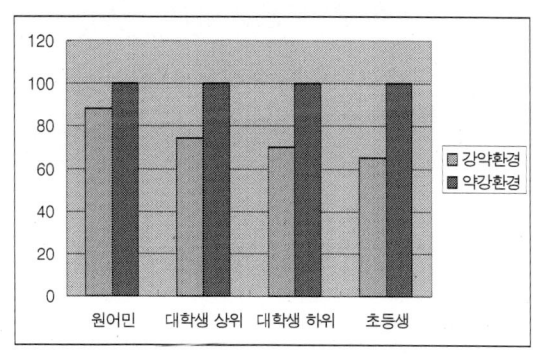

〈그림 1〉 집단별 환경별 파열음 판별

첫 번째 실험의 목적은 VCV 환경에서 강세의 다름에 의하여 각 집단별로 파열음 유/무성 판별 정답률에 차이가 있는지를 살펴보았다. 전반적으로 약강 환경에서는 어떤 집단이든지 100%에 가까운 정확한 유/무성 인지를 보였다. 약강 환경이 신호구조상 CV 구조와 비슷하다고 본다면 강약 환경에 비하여 상대적으로 VOT 신호가 돋들리는 이 환경에서는 배경언어 및 연령, 수준에 관계없이 자음 판별이 용이한 곳이다. 반면에 강약 환경에서는 배경언어변수에 의하여 집단에 따라 분명한 차이를 보여주었다. 조음위치와 관계없이 평균적으로 원어민 87%(표준편차 9.32), 대학생 상위집단 74%(표준편차 26.37), 대학생 하위집단 70%(표준편차 36.89), 초등학생 65%(표준편차 34.23)의 정확성을 보였다. 이 환경에서 독립변수인 언어배경에 의하여 원어민과 한국인 집단 간의 통계적 차이를 SPSS 10.0의

독립표본 T-검정을 실시한 결과 t값은 2.129(자유도 21.975)이고 유의도
는 p<0.05로서 의미 있는 다른 집단으로 나타났다. 그러나 한국인 집단 간의
차이를 알아보기 위하여 요인을 한국인 3개 집단을 놓고 종속변수를 정반응비
율로 한 일원분산분석(one-way ANOVA)을 시행한 결과 F(2, 15)=0.105,
p>0.05로 한국인 집단 간의 차이는 통계적으로 유의미하다고 할 수 없었다.

(2) 환경별 조음위치별 유/무성별 비교

강약 환경에서의 자음판별 결과를 조음위치별로 분석하면, 이러한 차이는
오직 치경음에서만 일어나고 있음을 알 수 있다.

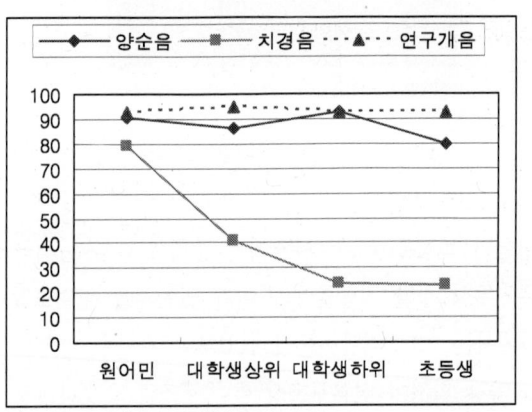

〈그림 2〉 어중 강약 집단별 조음 위치별 자음 판별

강약 환경에서 원어민은 양순음에서 91%, 연구개음에서 93%, 대학생
상위집단은 양순음에서 86%, 연구개음에서 95%, 대학생 하위 집단은 양
순음에서 93%, 연구개음에서 93%, 초등학생들은 양순음에서 80%, 연구
개음에서 93%의 유/무성 판별 정확도를 보이고 있다. 이 두 조음위치에
서는 유/무성 인식이 배경언어, 청취 수준, 경험과는 관계가 없다. 그러

나 치경음에서는 각 집단별로 확연한 차이를 보인다. 원어민 집단은 79%의 정확도를 보이며, 대학생 상위 집단은 41%, 대학생 하위집단은 24%, 초등학생집단은 23%의 정확도를 보인다. 각 집단별 카이자승 검정은 집단에 따라 치경음위치에서 파열음 판별이 달라진다는 것을 보여준다(카이제곱=14.987, 자유도=3, p〈0.01). 이는 치경음위치에서 배경언어가 영어일수록(원어민), 청취 수준이 높을수록(대학생 상위집단) 상대적으로 높은 정확도를 보이지만, 경험과는 관계가 없다. 왜냐하면 대학생 하위집단과 초등학생집단과의 정확도는 각기 24%와 23%로서 비교가 무의미하기 때문이다.

각 조음위치별 유 / 무성별로 자음 판별 정확도를 살펴보았다.

〈표 3〉 유,무성별 조음위치별 집단별 자음판별

(단위: %)

환경 및 집단별 분류		유, 무성 / 조음위치					
환 경	집 단	p	b	t	d	k	g
어중 강약	원어민	100	81	81	76	90	95
	대학생상위	86	86	43	38	90	100
	대학생하위	90	95	10	38	86	100
	초등학생	73	87	30	15	90	96
어중 약강	원어민	100	100	100	100	100	100
	대학생상위	100	100	100	100	100	100
	대학생하위	100	100	100	100	100	99
	초등학생	100	100	100	100	100	100

일반적으로 탄설음화가 일어나는 어중 강약 환경의 치경음에서 정확도가 떨어지고 있다. 그러나 이 환경에서의 / t / 와 / d / 를 집단별로 살펴보면 약간 차이가 있다. 일반적으로 원어민, 대학생 상위 집단, 초등학생 집단은 무성 치경음 / t / 의 정인식률이 유성 치경음 / d / 의 정인식률보다 최소 5%(원어민)에서 최대 15%(초등학생)까지 더 높게 나타났다. 반면에 대학생

하위 집단에서는 유성 치경음 / d / 의 정인식률(38%)이 무성 치경음 / t / 의 정인식률(10%)보다 28% 정도 더 높게 나타났다. 이는 이 집단에서 / t / 가 탄설음화가 되었을 때 무조건 '유성음'으로 인식하는 경향이 다른 집단보다 높다는 사실을 의미한다.

이 결과는 청취 능력을 좌우하는 요소 중의 하나가 미세한 신호의 차이를 어떻게 감지하는가에 달려있음을 의미한다. 〈표 1〉에서처럼 주어진 시료인 'datter'와 'dadder'의 구간차이는 선행모음구간 9ms, 폐쇄중 유성구간 3ms, VOT 1ms, 후행모음구간 1ms에 불과하다. 각 구간별로 평균적인 스펙트럼 신호를 살펴보면 'dadder'인 경우 선행모음구간에서 F0 150, F1 524, F2 1960Hz, 후행모음인 경우 F0는 나타나지 않으며, F1 541, F2 1369Hz이다. 'datter'인 경우 선행모음구간에서 F0 132, F1 616, F2 2089Hz이며, 후행모음인 경우 F0 84, F1 541, F2 1294Hz이다. 스펙트럼상 유 / 무성 구분이 F0의 차이(Kingston & Diehl 1994)에 있고, 무성음의 F0 값이 높고, 유성음의 F0 값이 낮다고 본다면, 시료처럼 역으로 F0 값이 분포된 경우 유 / 무성 구분이 굉장히 어려우리라는 점을 예측할 수 있다. 그러나 이러한 인지상의 어려움은 한국인 집단에게만 나타나고 원어민 집단에서는 79%의 높은 인식률을 보인다는 점에서는 반드시 모음구간에 구현되는 F0값에 의하여 원어민의 유 / 무성 인식이 이루어진다고는 할 수 없고, 9ms 정도 되는 구간차이에 의하여 인지가 이루어진다고 볼 수 있다.

결론적으로 각 집단에 대한 파열음 유 / 무성 판별 실험에서 약강 환경의 모든 조음위치에서는 집단 간 차이를 발견할 수 없었다. 이는 이 조건에서는 배경언어, 청취능력, L2 경험이 아무런 변수로 작용하지 못함을 의미한다. 그러나 강약 환경의 치경음에서는 각 집단별(주로 언어배경별)로 명백한 차이를 보였다. 원어민은 80% 가까운 인식률을 보임으로써 조음적인 측면의 '탄설음화' 현상이 반드시 인식적인 측면에서도 동일한 현상으로 볼 수 없음을 보여주었다. 반면에, 한국인 피험자들은 41%에서 23%의 분포로, 정인식률이 50%선 밑으로 떨어지고 있는데 이는 한국어 영향과 밀접한 관계가 있어 보인다. 대학생 하위집단과 초등학생집단은 이 부분에서 다른 집단과 다른 양상을 보임으로써 언어배경 외에도 청취능력이 일정 부분 영향을 미치는 것으로 보인다.

2) 신호 강인도 실험

(1) 신호별 강인도 비교

두 번째 실험의 목적은 각 화자들이 유／무성 인식에 어떤 신호들을 의지하고 있는가를 살펴봄으로써 각 집단이 갖고 있는 특징적인 인지 구조를 비교하는 데 있다. Wright(2004)는 인식상의 강인성(robustness)을 다음과 같이 몇 가지 측면으로 나누었다: 신호의 잉여성, 신호의 청각 충격, 신호 간의 인식차, 주위환경으로의 차폐(masking) 저항으로 구분하였다. 본 연구는 여러 측면들 중 주위환경에 대한 차폐저항을 강인성의 척도로 삼았다. 이는 신호잉여성과 신호 간의 인식차가 주로 스펙트럼 신호가 활발히 구현되는 모음 부분에 적용되고, 청각충격이 음절초에만 적용됨으로, 모든 환경의 모든 신호에 대하여 똑같은 기준을 적용하는 데 어려움이 있기 때문이다. 따라서 각 구간신호 간의 동등한 평가를 위하여 '차폐저항'을 강인도 측정도구로 삼았다. 이 측정방법은 여러 연구(강석한, 2005a,b; 강석한·박한상, 2005; Park & Kang, 2005)에서 피험자들의 인지모형을 연구하는 데 사용되었다. 각 신호별로 통계적 타당도를 갖는지를 살펴본 일원분산분석(one-way ANOVA)결과 $F(3,60)=9.880$, $p<0.001$로서 유의미한 차이를 보인다. 그러나 집단별($p>0.05$), 언어별($p>0.05$), 환경별($p>0.05$)로는 관계가 없다. 이는 신호인지에 집단 및 환경차이를 넘어서는 공통의 신호인지가 존재함을 의미한다.

(2) 신호별 강인도 인지결과 분석

피험자별로 어떤 신호가 가장 강력한 의존신호인가를 살펴본 강인도 실험에서 모든 집단들이 강약 환경과 약강 환경에서 비슷한 양상을 보였다. 각 피험자들은 강약 환경에서는 '선행모음구간 〉〉 폐쇄구간 〉〉 VOT 〉〉 후행모음구간'순으로 유/무성 인식에 의존을 하며, 약강 환경에서는 'VOT 〉〉 후행모음구간 〉〉 폐쇄구간 〉〉 선행모음구간'순으로 유/무성 인식에 의존을 하는 것으로 드러났다.

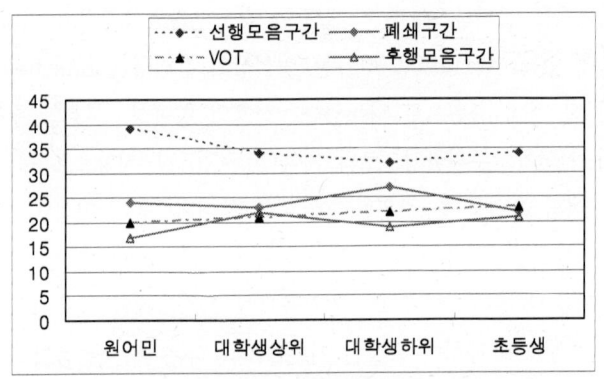

〈그림 3〉 어중 강약 환경 신호별 집단별 신호 강인도 비율

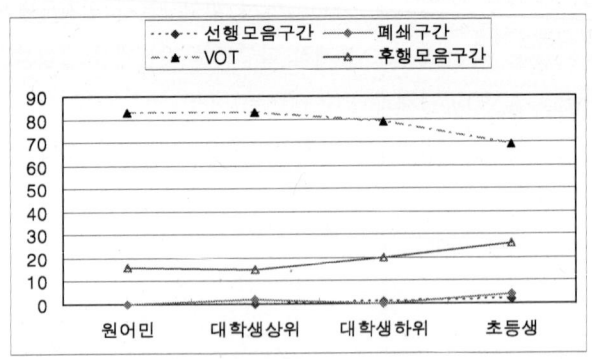

〈그림 4〉 어중 약강 환경 신호별 집단별 신호 강인도 비율

구체적으로, 강약 환경에서 원어민은 선행모음구간 39%, 폐쇄구간 24%, VOT 20%, 후행모음구간 17%의 강인도 비율을 보이며, 대학생 상위집단에서는 선행모음구간 34%, 폐쇄구간 23%, VOT 21%, 후행모음구간 22%로, 대학생 하위집단에서는 선행모음구간 32%, 폐쇄구간 27%, VOT 22%, 후행모음구간 19%이고, 초등학생 집단에서는 선행모음구간 34%, 폐쇄구간 22%, VOT 23%, 후행모음구간 21%의 강인도를 보인다. 한국인 집단 중에서는 초등학생과 대학생 상위집단이 원어민과 가장 유사한 형태를 보이며, 대학생 하위집단은 가장 다른 형태를 보인다. 즉 대학생 하위집단은 다른 한국인 집단에 비하여 선행모음신호에 대한 강인도가 낮고, 폐쇄구간에 대한 의존도가 높다.

강약 환경에서, 원어민은 선행모음구간 0%, 폐쇄구간 0%, VOT 83%, 후행모음구간 16%의 강인도 비율을 보이며, 대학생 상위집단에서는 선행모음구간 0%, 폐쇄구간 2%, VOT 83%, 후행모음구간 15%로, 대학생 하위집단에서는 선행모음구간 1%, 폐쇄구간 0%, VOT 79%, 후행모음구간 20%이고, 초등학생 집단에서는 선행모음구간 2%, 폐쇄구간 4%, VOT 69%, 후행모음구간 26%의 강인도를 보인다. 한국인 집단 중에서는 대학생 상위집단과 대학생 하위집단이 원어민과 가장 유사한 형태를 보이며, 초등학생 집단은 가장 다른 형태를 보인다. 즉 초등학생 집단은 다른 한국인 집단에 비하여 VOT 신호에 대한 강인도가 낮고, 후행모음구간에 대한 의존도가 높다.

강인도 검사결과를 조음위치별 유 / 무성별로 나누어보았다.

〈표 4〉 유, 무성별 조음위치별 집단별 신호 강인도 비율

신호강인도		실험자료							
환 경	집 단	선행모음구간		폐쇄구간		VOT		후행모음구간	
		무성	유성	무성	유성	무성	유성	무성	유성
어중 강약	원어민	15	24	11	13	6	14	8	9
	대학생상위	16	18	11	12	7	14	11	11
	대학생하위	14	18	12	15	10	12	10	9
	초등학생	15	19	9	13	10	13	9	12
어중 약강	원어민	0	0	0	0	42	41	2	14
	대학생상위	0	0	0	2	46	37	13	2
	대학생하위	0	1	0	0	45	34	14	6
	초등학생	0	2	2	2	44	25	22	4

어중 강약 환경에서 유/무성 신호 간의 강인도 특징은 어떤 집단을 막론하고 모든 신호에 비교적 골고루 펴져있다는 것이다. 이 환경에서 대체적으로 각 집단은 모든 신호에 대하여 유성 신호가 우세하였다. 원어민은 유성 선행모음구간, 유성 폐쇄구간, 유성 VOT, 유성 후행모음구간에 약간의 우세한 신호 강인도를 보였다. 전체적으로는 각 집단이 비슷한 인지모형을 보여주지만, 각 신호별로 약간씩 다른 형태를 보인다. 예를 들어, 선행모음구간에서는 배경언어별로 원어민은 유성 선행모음구간이 무성 선행모음구간보다 우월한 강인도를 보인다.

어중 약강 환경은 전반적으로 VOT와 후행모음구간에 강인도가 집중되어 있지만, 배경언어별로 다른 인지구조를 보여주고 있다. 원어민집단은 무성 VOT 와 유성 VOT의 강인도 차이가 거의 나지 않고, 유성 후행모음구간이 무성 후행모음구간에 비하여 거의 10% 이상의 강인도를 보여주고 있다. 이는 한국인 집단과 확연히 구별되는 특징으로서, 한국인 집단은 유성 VOT보다는 무성 VOT에 9%(대학생 상위)에서 19%(초등학생)까지 우월한 강인도를 보이며, 유성 후행모음구간보다는 무성 후행모음구간에 8%(대

학생 하위)에서 18%(초등학생)까지 강인도의 차이를 보여주고 있다. 이 환경에서는 수준별, 연령별보다는 배경언어별 차이가 뚜렷한 것이 특징이다.

전반적으로 신호강인도 실험에서 각 집단별 인지모형에는 커다란 차이가 없음이 드러났다. 어중 강약 환경에서는 '선행모음구간 〉〉 폐쇄구간 〉〉 VOT 〉〉 후행모음구간' 순으로, 어중 약강 환경에서는 'VOT 〉〉 후행모음구간 〉〉 폐쇄구간 〉〉 선행모음구간'순으로 유/무성 인식에 의존을 하는 것으로 드러났다. 이러한 강세의 차이로 생기는 신호강인도 서열은 범언어적으로 적용되는 것으로 보인다. 그러나 수준과 연령에 의하여 미세한 차이가 있으며, 특히 유/무성 강인도 차이에서는 배경언어가 어느 정도 역할을 하고 있음이 밝혀졌다.

4. 결 론

VCV의 강약 환경과 약강 환경에서 '자음 판별'실험과 '신호 강인도'실험을 한 결과 배경언어, 청취능력, 연령으로 나누어진 각 집단 간에는 차이점보다는 공통적인 인지모형이 존재함이 드러났다. 그러나 미세한 부분에서는 각 변수가 음성인지에 일정 부분 작용하고 있음을 보여주었으며, 변수 중에는 배경언어가 가장 커다란 영향을 발휘하였다.

'자음 판별'실험에서 각 집단 공통적으로 강약 환경과 약강 환경의 정인지율이 서로 달랐다.* 약강 환경에서는 모든 집단에서 100%에 가까운 정인지율

---

* 한 심사자는 정인지율의 차이를 CV의 단서가 VC의 단서에 비해 강하다는 것을 시사해 주는 것으로 보았다. 이 심사자의 견해를 소개한다. "강약 환경과 약강 환경에서 음성단서 중에 눈에 띄는 것은 선행모음의 길이와 VOT의 서로 다른 역할이다. 강약 환경에서는 선행모음이 주요 단서이나 약강에서는 VOT가 주요 단서가 된다. 이것은 VOT가 선행모음보다 유/무성음을 구별시키는 단서로 더 역할을 한다는 것을 시사해 준다. 즉 약강구조에서는 VOT가 변별력이 가장 있게 되어 인지율이 높아지는 반면 강약구조에서는 VOT의 차이가 미약해져 인지율이 낮아진다는 것이다." 그러나 이러한 견해에 대한 다른 의견도 존재한다. 강석한(2005a)의 연구에 의하면 CV 환경

을 보인반면, 강약 환경에서는 '원어민(88%) 〉〉 대학생 상위집단(74%) 〉〉 대학생 하위집단(70%) 〉〉 초등학생(65%)'의 순으로 집단별로 차이가 있었다. 이를 각 조음위치별로 살펴보면, 양순음과 연구개음에서는 각 집단별로 차이가 없지만, 치경음 위치에서는 L2 경험보다는 배경언어, 청취능력에 의하여 차이가 드러났다. 이는 탄설음화현상이 일어나는 무성 치경 파열음 / t / 와 유성 치경 파열음 / d / 의 정인지율이 각 집단별로 상이하기 때문이다. 치경음의 유 / 무성 판별만 따로 살펴보면 '원어민(79%) 〉〉 대학생 상위집단(41%) 〉〉 대학생 하위집단(24%) 〉〉 초등학생집단(23%)' 순으로 정확도를 보이고 있다. 이는 배경언어가 영어일수록(원어민), 청취 수준이 높을수록(대학생 상위집단) 상대적으로 높은 정확도를 보이지만, 경험과는 관계가 없어 보이는데 이는 대학생 하위집단과 초등학생집단과의 정인지율이 거의 비슷하기 때문이다.

각 집단의 음성 인지형태를 보여주는 '신호강인도'결과는 VCV의 강약 환경과 약강 환경에서 명백한 차이점을 보였지만 각 집단 간에는 차이가 없었다. 강약 환경에서는 '선행모음구간 〉〉 폐쇄구간 〉〉 VOT 〉〉 후행모음구간' 순으로 유 / 무성 인식에 의존을 하며, 약강 환경에서는 'VOT 〉〉 후행모음구간 〉〉 폐쇄구간 〉〉 선행모음구간' 순으로 의존을 하는 것으로 밝혀졌다. 이는 강세를 받는 구간에 신호 강인도가 주어지며, 이 강인도는 배경언어, 청취능력, 연령에 관계없이 작용하였다. 그러나 집단별로 약간의 차이를 보인다. 강약 환경에서 한국 대학생 하위집단은 다른 집단과 가장 다른 형태를 보이는데, 이 집단은 다른 집단에 비하여 선행모음신호에 대한 강인도가 낮고, 폐쇄구간에 대한 의존도가 높다. 약강 환경에서 초등학생 집단이 가장 다른 형태를 보이는데, 이 집단은 다른 집단에 비하여 VOT 신호에 대한 강

에서 유성음 인지는 VOT보다는 후행모음에 의존하는 것으로 밝혀졌다. 따라서 VOT 가 모음구간보다 인지율을 높이는 데 기여한다는 점에서는 동의하지만, 정인지율은 VOT신호의 구현뿐만 아니라, 적절한 신호의 수, 신호 간격(혹은 차이), 청각 충격 등의 복합된 요인에 의하여 결정된다고 본다.

인도가 낮고, 후행모음구간에 대한 의존도가 높다. 어중 약강 환경에서 유/무성 신호 간의 강인도 특징은 배경언어가 일정 부분 영향을 미치는 것으로 보인다. 원어민집단은 무성 VOT와 유성 VOT의 강인도 차이가 거의 나지 않고, 유성 후행모음구간이 무성 후행모음구간에 비하여 거의 10% 이상의 강인도를 보여주지만, 한국인 집단은 유성 VOT보다는 무성 VOT에, 유성 후행모음구간보다는 무성 후행모음구간에 우월한 강인도의 차이를 보여주고 있다.

　전반적으로 각 집단별 언어 인지 형태는 두 환경에서 동일한 모습을 보여주었다. 자음 판별에서 강약 환경보다는 약강 환경에서 우수한 인지를 보이며, 신호강인도 조사를 통하여 강약 환경에서는 '선행모음구간'을, 그리고 약강 환경에서는 'VOT'구간에 의존함이 드러났다. 그렇지만, 미세한 부분에서 배경언어, 청취 수준, 경험요소가 작용하였다. 강약 환경의 치경음 유/무성 구분에서 세 가지 변인이 모두 개입되어 있었고, 약강 환경의 강인도 검사에서도 배경언어가 개입되어 있었다.

참고문헌

강석한. 2005a. 영어파열음 유·무성성의 음향과 인지 비대칭성 연구. 박사학위 논문. 연세대학교.

강석한. 2005b. "영어파열음 시구간신호의 음향과 지각 비대칭성 연구." 말소리 55호, 15-31.

강석한, 박한상. 2005. "다양한 수준의 한국인 영어 학습자의 영어 파열음의 구간신호 지각 연구." 말소리 56호, 49-73.

양병곤. 2005. "대학생들의 영어자음 인지연구." 음성과학 12권 3호, 139-151.

Burnham, K. 1986. "Developmental loss of speech perception: exposure to and experience with a first language." *Applied Linguistics*, 7, 201-240.

Cazals, Y. & Palis, L. 1991. "Effects of silence duration in intervocalic velar plosive on voicing perception for normal and hearingimpaired speakers." *Journal of the Acoustical Society of America*. 89, 2916-2921.

Crowther, C. & Mann, V. 1992. "Native Language factors affecting use of vocalic cues to final consonant voicing in English." *Journal of the Acoustical Society of America*. 92, 711-722.

Hillenbrand, J., Ingrisano, D., Smith, B. & Flege, J. 1984. "Perception of the voiced-voiceless contrast in syllable-final stops." *Journal of the Acoustical Society of America*, 18-26.

Kingston, J. & Diehl, R. 1994. "Phonetic knowledge." *Language*. 70, 419-454.

Krause, S. 1982. "Vowel duration as a perceptual cue to postvocalic consonant voicing in young children and adults." *Journal of the Acoustical Society of America*. 71, 990-995.

Lisker, L. 1981. "On generalizing the *Rapid-Rabid* distinction based on silent gap duration." *Haskins Laboratories Status Reports on Speech Research*. SR-54, 127-132.

Lisker, L. 1999. "Perceiving final voiceless stops without release: effects of preceding monophthongs versus nonmonophthongs." *Phonetica*. 56, 44-55.

MacKay, I., Meador, D. & Flege, J. 2001. "The identification of English consonants by native speakers of Italian." *Phonetica*. 58, 103-125.

Ohde, R. 1984. "Fundamental frequency as an acoustic correlate of stop consonant voicing." *Journal of the Acoustical Society of America*. 75, 224-230.

Park, H. S. & Kang, S-H. 2005. "Perception of the temporal cues in English plosives: A cross-linguistic Study." *Proceedings to Seoul Linguistics Forum 2005*. Seoul National University.

Redford, M. & Diehl, R. 1999. "The relative perceptual distinctiveness of initial and final consonants in CVC syllables." *Journal of Acoustical Society of America*. 106, 1555-1565.

Wright, R. 2004. "Perceptual cue robustness and phonotactic constraints." In Hayes, B.,

Kirchner, R., & Steriade, D.(eds.) *Phonetically Based Phonology*. New York: Cambridge University Press.

접수일자: 2006. 5. 1
게재결정: 2006. 5. 24

Effects of Language, Age and English Listening Level on Voicing Perception of English Final Stops

Ⅵ. Effects of Language, Age and English Listening Level on Voicing Perception of English Final Stops* **

〈Abstract〉

Kang, Seok-Han. 2006. Effects of Language, Age and English Listening Level on Voicing Perception of English Final Stops. Korean Journal of Linguistics, 31-2, 187-205. To understand the preceptual change pattern during L2 learning, this study examined the identification correctness of word-final stops and cue robustness for the unit intervals in light of background language, age, and English listening level. The 4 groups of Native Speakers of English, Korean College Students of High Listening Achievement, Korean College Students of Low Listening Achievement, and Korean Elementary Students took part in the experiments. Tokens of / dæp, dæb, dæt, dæd, dæk, dæg / were extracted and modified into experimental signals composed of two digits(voiced-1, voiceless-0) by following the temporal intervals. In the first experiment of identification correctness of final stops, Native Speakers of English showed almost 100% correctness rate in both environments, while those of Korean showed 70% to 95% correctness rate depending on environments. In this test, neither age nor the listening level influenced significantly the voicing correctness to Korean subjects. In the second experiment of the cue robustness, the group of Korean Elementary students, unlike Korean College students, showed the

* I really appreciate three anonymous reviewers for their impressive comments and suggestions. All remaining errors are of course my own. The sound files and the analyzed data related with this study are downloadable at www.webhard.co.kr(ID: kangseok, PW: guest).

** 본 논문은 한국언어학회 언어 제31권 2호(2006년 6월)에 게재되었다.

similar perceptual pattern with that of native English speakers in the released environment. This result strongly suggested that the phonological system of the native language as well as the psycho-linguistic pattern of the universal language deeply influenced L2 perceptual system. (University of Incheon)

key words: stops, perception, voicing, release burst, second language acquisition, listening ability, experience

1. Introduction

In the field of SLA(second language acquisition), researchers have paid attention to whether the perceptual system can be modified along with the development of second language speech, influencing speakers' phonological system of the native language (L1) during L2 learning. That is, the issue has been around the plasticity of the speech perception system. For some researchers to study the changing pattern of L2 learners' perceptual system, the stop consonants in the final position as well as vowels have been favored because of some possibility on the psychological effect which "would be greater for the identification of word-final than word-initial English consonants" (MacKay et al. 2001) and the realistic reason to access rather easily to the perceptual experiment on the stop consonants by using either natural speech materials or synthetic speech stimuli through synthesizer such as Klatt software(Klatt 1980) or HLsyn(Hanson & Stevens 2002).

The studies on stop consonants have centered on the comparison of perceptual difference between L1 and L2 in light of age of acquisition(Flege et al. 1995, MacKay et al. 2001), amount of exposure(Werker & Tees 1984), background language (Crowther & Mann 1992, Abramson & Tingsabadh 1999, Tsukada et al. 2005, Park & Kang 2005), and training(Flege & Wang 1990). MacKay et al.(2001) have examined the identification of English consonants by native speakers of Italian who immigrated to Canada. Considering two effects of AOA(age of arrival) and amount of L1 use, they reached the result that the effect of AOA was non-significant for identifying the English word-final stops, while the amount of L1 use in their home played the primarily negative role. This shows some limitation to the perceptual change even under conditions of early age of acquisition and rather importance to the amount of their native language use. Flege & Wang(1990) compared two groups of Chinese subjects living in the United States. The subjects who spoke Cantonese as L1 that permits word-final consonants identified the voicing feature in word-final English stops more accurately than did the native speakers of Mandarine that does not permit word-final obstruents of any kind. This study implies the influence of the subjects' native language on their perception.

Though some factors have been examined for the perceptual system change in the word-final stops, little research has been carried out on the changing perceptual pattern by both effects of age and L2 listening ability under the FLL(Foreign Language Learning) condition for the groups of homogeneous language users. This study initiates from the question whether these studies mainly obtained from the environment of NL (Native Language) or SLA(Second Language Acquisition) can apply to those of FLL. We may predict that ESL learners in the U.S. or Canada have some different perceptual change pattern from those in Korea, Japan, or China where the mono-lingual system dominates. We need to be newly reinterpreted under the FLL condition about the substantial factors already examined by the previous ESL studies.

English optionally has the release-burst in word final position. Byrd(1993) searching the TIMIT database reported that 59.7% of English stops were audibly released in word final position, in which 49.5% of sentence final bilabial stops were released, 57% of alveolars, and 83.1% of velars. Kang(2005a) demo-nstrated that 92% were released regardless of voicing(voiced: 51%, voiceless: 49%), but differed on place(bilabial: 85%, alveo-lar: 95%, velar: 98%). The release proportion of English final stops in articulation might be changed depending on articulatory places, the preceding vowel conditions, speech rates, individual characteristics, etc. On the contrary, Korean has no released stops. It is certain that Koreans are unfamiliar with the English released stops in the prepausal position so that they insert the default vowel in case of adopting English loan words. Korean also differs from English in that English has both voiced and voiceless stops in the final position, while in Korean the three-way contrast of lenis, fortis, and aspirated neutra-lizes and yields only voiceless stops.

It is clear that the release-burst affects the identification of final stops perceptually both for native speakers(Malécot 1958) and for non-native speakers(Crowther & Mann 1992). Lisker (1999) reported that the overall mean of correct identification in the released stops was around 100% for native speakers, while that of the unreleased stops was about 70%, in which 100% showed under some vowels such as [i] and [ɛ]. Kang(2005b) demonstrated that English native speakers identified 97% the voicing signal under the condition of word-final release, while 84% did the same signal under the preceding vowel [æ] in the non-release condition. However, some research has pointed out the relative different role between the voiced release burst and the voiceless one, in which Hillenbrand et al.(1984) drew the conclusion that final bursts from voiced stops did not strongly influence voicing judgements and the presence of the voiceless bursts might tend to perceive the voiceless sound. For native speakers, even if the release-burst is not a strong voicing cue to identify the voicing judgements, removal of this cue would alter native speakers' perception some degree.

The release-burst improves non-native speakers to identify voicing significantly under the released final position. The study by Crowther & Mann(1992), mainly focused on two cues of the preceding vowel duration and F1 offset frequency, sugge-sted that native speakers of English showed the strongest identification accuracy rate in the final stop voicing, Mandarine speakers showed significantly weak identifi-cation, and Japanese speakers fell in between. The perception study of Park & Kang (2005) analyzing 16,848 responses to English native speakers,

Chinese, and Koreans showed the universal tendency that the release-burst improved the identification correctness in the final stop voicing through experiments using either released or non-released stops, but a little bit of difference was found depending on their background languages. While native speakers showed a similar percentage around 99% in both environments, Koreans identified the stops 95.5% in release and 79.6% in non-release and Chinese identified 65% in non-release and 58.1% in release. Furthermore, this study showed that the perception of Koreans and Chinese depended on the closure duration, while native speakers did on formant transition or vowel duration upon the preceding vowel. It implies that non-native speakers are dependent on different perceptual cues.

The study focuses on whether the Korean English learners perceive English final stops with some particular characteristics in light of their background language, age of English acquisition, and English listening ability. The purpose of the study is to suggest a better understanding on the change of L2 learners' perceptual system under the FLL condition which might show the particular path different from SLA. By examining both the identification and cue robustness of English final stops in two environments-release and non-release, and by four groups-English Native Speakers, Korean College Students of High Listening Achieve-ment, Korean College Students of Low Liste-ning Achievement, and Korean Elementary Students-, this study has the goal to find out what factors affect the subjects' perceptual system and how different results the subjects of the different groups show depending on the environ-ments and the effects.

2. Methods

1) Stimuli

One native speaker of American English was recruited to make stimuli. He was a 38-year-old male who was born and raised in Chicago. He had no history of speech disorders and no problems in pronunciation. Minimal pairs of English plosives were selected across places of articulation(bilabial, alveolar, and velar) in the final position. The minimal pairs were embedded in the frame sentence to minimize the effect of other factors. The minimal pairs and the frame sentence used in the present study are provided below:

(1) word-final: words: dap, dab, dat, dad, dack, dag
                     frame sentence: 'Say ____.'

Most of the selected words were real English words. The selected words were under the same condition except for the voicing contrast. The native speaker of English was asked to read the words embedded in the frame sentence randomly ordered three times. Recording was conducted in a sound-proof broadcasting booth at the University of Incheon. Sounds were recorded with a Shure SM10A microphone on a TASCAM DA-P1 DAT recorder. Recorded sounds were digitized at a sampling rate of 44,100㎐ and a quantization rate of 16 bits.

The selected words with a typical pronunciation of Standard American English composed stimuli for perception tests. Those words were segmented at a zero-crossing point nearest to the boundary between unit intervals by referring to the waveform and spectrogram of the words on Praat 4.3.19. As a result, a sequence of the preceding vowel and the closure in word-final non-release, and the preceding vowel, the closure and the release-burst in word-final release was obtained. Duration of the unit intervals in milliseconds are provided in Table 1.

〈Table 1〉 Duration of the Unit Intervals

Position	Word	Preceding Vowel	Closure	Release
Word-final	dap	220	149	40
	dab	378	72	72
	dat	209	194	55
	dad	371	36	50
	dack	200	176	20
	dag	398	61	77

Each unit segment was encoded as voiced or voiceless. I produced a sequence of 2 digit signals(the preceding vowel and the closure duration in non-release condition) or 3 digit signals(the preceding vowel, the closure duration and release duration in release condition) by repeated permutation, where each interval functions as a binary digit of 0 and 1.

For examining non-release stops, the signal sequences were the preceding vowel and the closure, in which the assembled words in each articulatory place consisted of 4: 00(voiceless preceding vowel and voiceless closure duration), 01(voiceless preceding vowel and voiced closure duration), 10(voiced preceding vowel and voiceless closure duration), 00(voiceless preceding vowel and voiceless closure duration). In the case of release stops, the signal sequences were the preceding vowel, the closure, and release so that the assembled words in one articulatory place were 8: 000, 001, 010, 011, 101, 100, 110, 111.

The number of stimuli in each place amounted to 12(8 in word-final positions with release, and 4 in word-final positions without release). Naturally the total number was 36. The signal constitutions of each stimulus were like following waveforms.

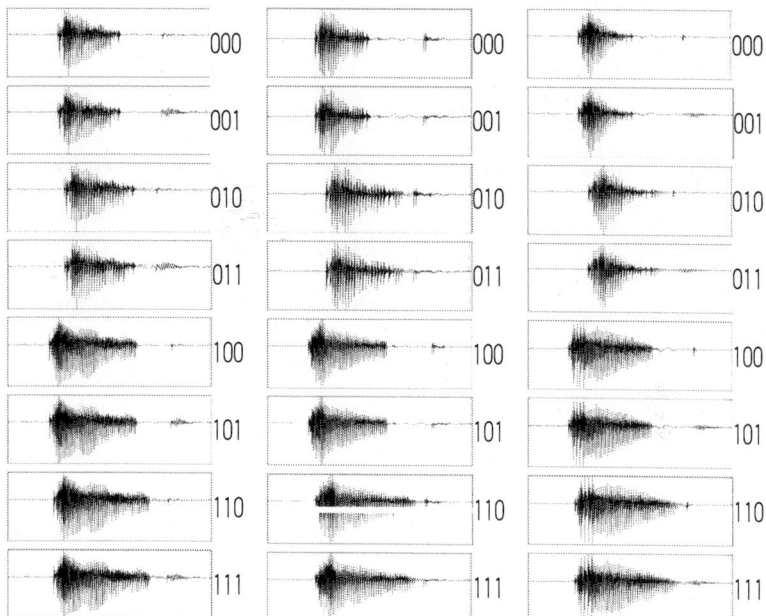

〈Figure 1〉 Bilabial Signals in Word-Final Release 〈Figure 2〉 Alveolar Signals in Word-Final Release 〈Figure 3〉 Velar Signals in Word-Final Release

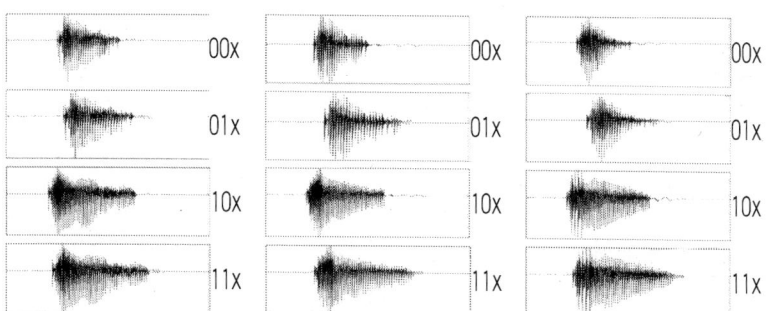

〈Figure 4〉 Bilabial Signals in Word-Final on-Release 〈Figure 5〉 Alveolar Signals in Word-Final on-Release 〈Figure 6〉 Velar Signals in Word-Final on-Release

2) Subjects

Seven Native Speakers of English(2 Americans, 5 Canadians), 6 Korean College Students of High Listening Achievement, 7 Korean College Students of Low Listening Achievement, and 10 Korean Elementary School Students took part in the experiment. Native Speakers of English were English instructors at the university. Their mean age was 31.1 years and stay in Korean was around 25 months. 13 Korean adult subjects who were freshmen students at the same university were divided into two groups-Korean College High and Korean College Low-depending on their TOEIC listening score. While 6 students of the Korean High group marked the mean score 65 / 100, placing 10 to 35, 7 of the Korean Low group did the mean score 40 / 100, placing 810 to 950 out of total 1500 students from the result of the listening score in TOEIC exami-nation carried in July, 2005. In spite of some doubtfulness about reliability of TOEIC scores, it seems not to refuse the fact that currently it is one of the most appropriate and realistic standards measuring English listening ability. The 10 Korean 5th grade Elementary Students were selected randomly from various elementary schools in Incheon Educational District. Their English listening ability was unknown, but they have studied English for over 2 years both in schools or private institutions. Overall their studying time of English was over 5 hours a week. Judging from their willingness in participating in the perception test which took around 30 minutes, their eagerness for English may be greater than others in their peer group. The subjects' information is as follows:

〈Table 2〉 Subjects' Information

Group	Native Language	Nationality	Gender	Mean Age	L2 Experience (year)	L2 Listening Score
Native Speakers	English	2 Americans 5 Canadians	7 male	31.1	–	–
Korean High(College)	Korean	6 Koreans	3 male 3 female	19.9	7.2	65 / 100
Korean Low(College)	Korean	7 Koreans	4 male 3 female	20.1	7.0	40 / 100
Korean Elementary	Korean	10 Koreans	5 male 5 female	10.6	2	un known

3) Procedure

The ExperimentMFC program on Praat was used for the perception tests. Each stimulus was randomly ordered and repeated three times. The perception tests were conducted in a quiet office. Subjects were asked to click the mouse on one of the two words presented on the screen while wearing a headset. It took around 30 minutes for each subject to complete the series of tasks. The subjects' responses were statistically analyzed with SPSS 12.0.

Responses were analyzed in terms of "Identification Correctness" and "Cue Robustness". These were proved as useful

measure standards by previous studies. The identification corre-
ctness was defined as the percentage of the correct respon-
ses when the original signal was given as stimuli(e.g., Hillen-
brand et al. 1984, Crowther & Mann 1992, Abramson & Tingsa-
badh 1999, Lisker 1999, Redford & Diehl 1999, MacKay et
al. 2001, Kang 2005 a, b, Park & Kang 2005). For example,
responses are considered as correct if the subjects' responses
are voiceless when the sequence unit of voiceless preceding
vowel, voiceless closure, and voiceless release duration in
release environment or the unit of voiceless preceding vowel
and voiceless closure in non-release is given or if subjects'
responses are voiced when the sequence unit of voiced prece-
ding vowel, voiced closure, and voiced release in release envi-
ronment or voiced preceding vowel and voiced closure in non-rele-
ase is. The response correctness tests how difficult it is to
identify the orignal words correctly. It is expected that the
response correctness is close to 100% for Native Speakers of
English. If not, even Native Speakers have some difficulty in
identifying the original word correctly. It suggests that
non-native speakers have much more difficulty in doing the
same task. The resistance of cues to environmental masking
is adopted as the measure's tool for cue robustness in this
study. Burnham(1986) viewed robustness as acoustic salience
and also contrasts that were widely distributed across the
world's languages and were acoustically less similar. Wright
(2004) suggested that robustness was "a robustly encoded phono-
logical contrast" to survive signal degradation or interference

in reception. These ideas were recently adopted in Kang(2005a), Kang(2005b), Kang & Park(2005), and Park & Kang(2005).

In order to quantify the abstract notion of robustness for the target cue, its resistance to the masking of the neighborhood cues is digitalized as digit(0 as voiceless and 1 as voiced) and measured. This target-signal robustness is measured as the percentage of non-masked cue when a stimulus is given where only one signal in a particular interval is different from the signals in other intervals(background signals). For example, in order to measure the robustness of the voiced preceding vowel cue in final release environment, the signal 100(voiced preceding vowel-voiceless closure-voiceless release) is given to subjects. If she / he chooses 1(voiced sound), the cue of the preceding vowel gets the robustness count, because the cue of the preceding vowel leads the voiced response not masked by adjacent voiceless closure and voiceless release.

3. Result and Discussion

1) Consonant Identification Test

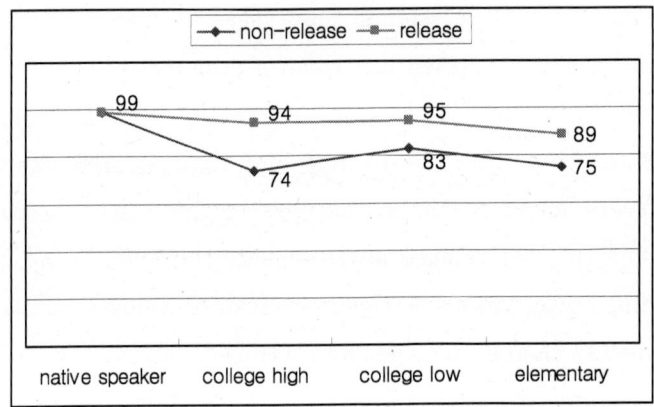

⟨Figure 7⟩ Identification Correctness Rate(%) in Word-Final Stops

The purpose of the first experiment was to examine the subjects' accuracy for consonant identification in word final position depending on the presence or absence of the release- burst. English native speakers identified the pure stop voicing signals more clearly than Korean subjects in both conditions of release and non-release. As shown in Figure 7, Koreans made more errors in non-released stop perception(College High=74%, College Low=83%, Elementary=75%) than in released stops (College High=94%, College Low=95%, Elementary=89%). Neither L2 experience(or age) nor English listening ability may be the substantial factor to identify voicing for Koreans. Even the elementary students marked the similar scores in both environments compared with Korean college students. Only their background languages were the main effect [Pearson Chi-square 5.789, df 1, $p < 0.01$].

If the cue of the release-burst is presented, all Korean subjects perceive their voicing identification rather correctly regardless of their groups. The effect of the release-burst is highly significant in one-way ANOVA [$F(1,2111) = 72.776$, $p < 0.0001$] to stop voicing perception in the final position for both native speakers [$F(1,502) = 28.392$, $p < 0.0001$] and Korean groups [$F(1,1607) = 46.804$, $p < 0.0001$]). The result strongly supports that the presence of a burst contributes to the stop perception both for native speakers and for non-native speakers.

As in Figure 8 and 9, it is interesting that non-release environment without the release burst facilitates voiced correctness rate for Korean groups.

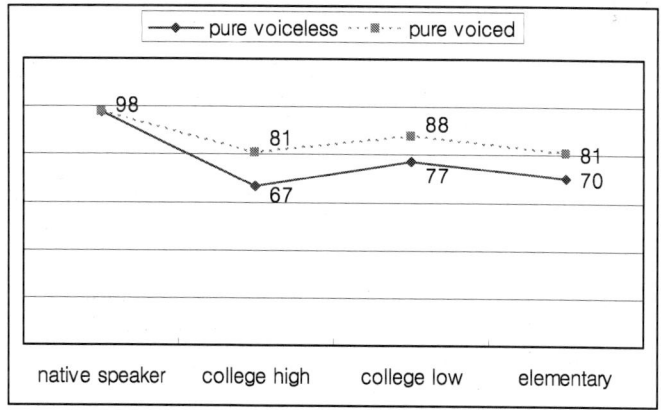

⟨Figure 8⟩ Identification Correctness Rate(%) by Voicing in Word Final Non-Release

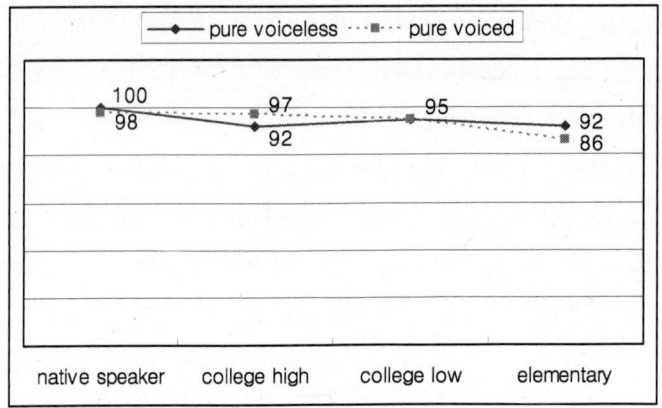

⟨Figure 9⟩ Identification Correctness Rate(%) by Voicing
in Word Final Release

Koreans tend to perceive voiced sound more than voiceless one on these non-word signals under the non-released environment. The result can be generalized that the release-burst clearly influences the correct perception of the voiced / voiceless sound, while the signals composed of the preceding vowel and the closure without the release-burst provide Koreans a predominated decision to the voiced sound. It is clear that the absence of a burst contributes to the perception of a voiced stops and its presence does to the distinction clearly between the voiced and the voiceless sound for EFL Koreans.

The effect of place of articulation is significant [$F(2,2110) = 5.106$, $p < 0.01$]. The following table identified correctness by voicing and by articulatory places.

<Table 3> Identification Correctness Rate(%) by Voicing
and by Articulatory Places

response		stimuli					
enviro.	group	p	b	t	d	k	g
non-release	native-speaker	100	95	91	100	100	100
	college-high	70	86	43	73	89	84
	college-low	76	76	71	90	85	100
	elementary	66	82	63	72	81	88
release	native-speaker	100	95	100	100	100	100
	college-high	88	90	100	100	88	100
	college-low	90	90	100	95	95	100
	elementary	92	77	91	80	93	100

Generally, voiceless alveolar / t / is the most difficult phoneme
to identify voicing under the non-released condition, generally
for all groups, while voiced velar / g / is the easiest phoneme
even for all Korean groups. The critical issue arises: does
the same result apply to other language speakers? The answer
appears to be negative. Abramson & Tingsabadh(1999) condu-
cted experiments on the perception of Thai word-final conso-
nants-p, t, k, ?-by native speakers of American English and
native speakers of Thai. The native speakers of American
English displayed the identification accuracy of 11.3% on glottal
stop / ? /, while voiceless bilabial / p / was perceived correctly
94.7%, voiceless alveolar / t / 90.7%, and voiceless velar / k / 71.4%.
Even though this research had some limitation in the voiceless
environment and only conducted within a non-release enviro-
nment, the result of the current study that voiceless alveolar

is the most difficult phoneme to distinguish the voicing may not be sustained universally. It implies that the difference on their background languages causes that of L2 learners' perceptual system.

In a short conclusion, the difference of the identification correctness rate between Native Speakers of English and those of Korean is significant in non-release environment, while the difference in the release is minimal. In non-release environment, Korean subjects, regardless of their English listening ability, the duration of English exposure, or age display the comparative low scores by 15% to 20% compared with English Native Speakers. If the release is presented, their correctness scores rocket up for all Korean groups.

2) Robustness Test

The purpose of the second experiment was to analyze perceptual pattern for subjects of each group, using a robustness experiment. According to Wright(2004), robustness of encoding can be defined along several dimensions: redundancy of cues, the auditory impact of cues, the perceptual distance between cues, and the resistance of cues to environmental masking. Of the several dimensions, the resistance of cues to environmental masking is chosen as the measuring tool for cue robustness in this study, because some dimensions should be applied to limited intervals or environments. For example, the dimension of cue redundancy should be applied to vowel position carried on spectral cues and also auditory impact should be limited to the initial position.

The test is useful to measure how subjects' sensory and psycho-physical system affect perception system for various signals by checking the robustness of the target cue. The response pattern provides valuable information to reveal the perception system for the group subjects divided by language, age and level. Figure 10 and 11 show the perceptual pattern of each group through the cue robustness experi-ment.

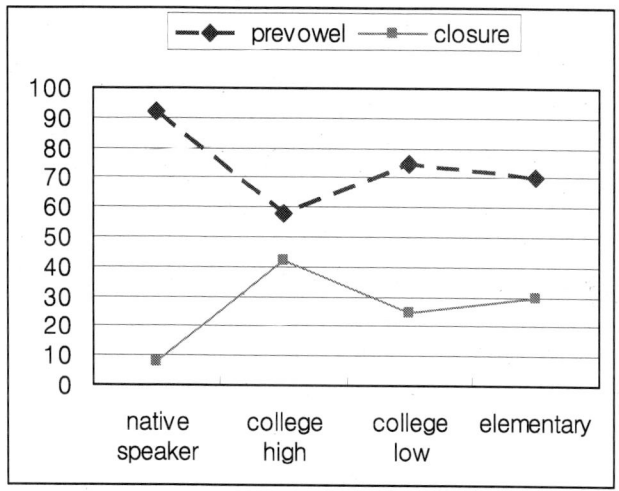

⟨Figure 10⟩ Cue Robustness Rate(%) in Word
Final Non-Release Environment

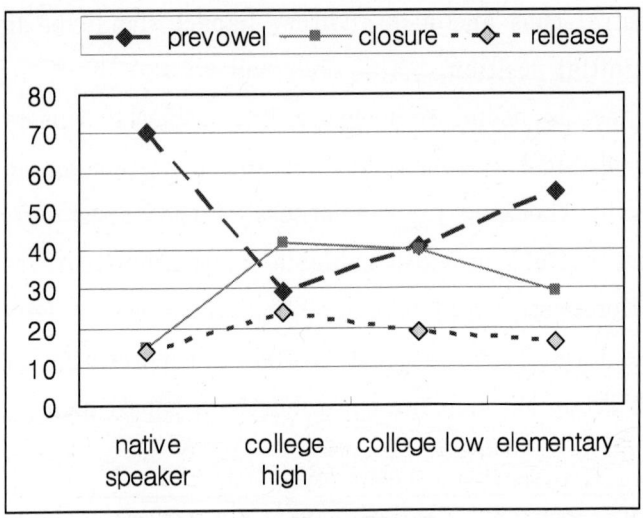

〈Figure 11〉 Cue Robustness Rate(%) in Word
Final Release Environment

In non-release environment, while Native Speakers of English depends 92% on the preceding vowel and 8% on the closure as the robustness percentage, Korean College Students of High Listening Achievement depend 58% on the preceding vowel and 42% on the closure, Korean College Students of Low Listening Achievement depend 75% on the preceding vowel and 25% on the closure, and Korean Elementary Students depend 70% on the preceding vowel and 30% on the closure.

In release environment, while Native Speakers of English depend 70% on the preceding vowel, 15% on the closure, and 14% on release as the robustness percentage, Korean College Students of High Listening Achievement depend 32% on the preceding vowel, 42% on the closure, and 24% on release.

Korean College Students of Low Listening Achievement depend 41% on the preceding vowel, 40% on the closure, and 19% on release, and Korean Elementary Students depend 55% on the preceding vowel, 29% on the closure, and 16% on release.

Each groups' perceptual difference between release and non-release environments presents some implications. In the non-release environment that consists of two intervals-the preceding vowel and the closure-, the difference between Native Speakers and Koreans is great. It shows that English Native Speakers depend on the preceding vowel, while Koreans depend rather equally on both the preceding vowel and the closure regardless of their level and experience duration. We can say that what signal they perceive predominantly is dependent on what native language they have.

Generally Native Speakers of English judge voicing by the preceding vowel duration, not by the closure, even though the presence or absence of glottal vibration during the closure is the defining acoustic correlate of the voicing distinction (Kluender et al. 1988). It is clear that perceptually the closure is the weak cue. Kang(2005a) suggested that glottal vibration during the closure was easily masked by other temporal intervals like VOT, release-burst, or adjacent vowels for native speakers of English, in which the closure voicing was the weakest cue to determine voicing. For perception of English native speakers, they hardly depend on the closure cue in case that vocalic cues are presented. That is, information carried on the vocalic sound such as vowel duration(Raphael et al. 1980), F1 offset frequency(Hillenbrand et al. 1984), F1 steady state frequency (Wolf 1978), or F0 perturbation(Ohde 1984) is actively used for native speakers of English.

For non-native speakers, the dependency on the closure duration is bigger than native speakers of English. The study by Park & Kang(2005) showed that the cue robustness of the closure duration was 16% for Native Speakers of English, while it was 36% for Korean native speakers and 41% for Chinese native speakers. Both Korean and Chinese subjects outweighed information of the closure duration compared with native speakers of English.

In the non-release environment of this study, the perceptual pattern for various Korean groups is similar. Without the signal of the release-burst, Native Speakers of English predominantly use various cues on the preceding vowel, while the dependency to the vocalic cues is reduced dramatically for Korean English learners regardless of age and levels.

In the release environment, it is striking that Korean Elementary Students show some similar patterns with Native Speakers. If the release cue is provided, the early Korean students, unlike both College students' groups, are dependent on cues of the preceding vowel predominantly. That is, subjects of Korean Elementary Students rely to a greater extent on dynamic cues in making voicing decision than Korean College students if given the release-burst. The result implies that the release-burst, the cue that never happens in Korean word-final stops, facilitates early L2 learners' perceptual pattern on English stop voicing similar with native speakers'. The release-burst develops their sensitivity on delicately dynamic movement on vocalic sound.

4. Conclusion

The identification correctness is influenced by their background languages; English native speakers marked 99% and Koreans 85%. The group difference for Koreans is not significant statistically even though they show each rate difference in both word-final release and non-release environment; Korean College Students of High Listening Achievement marked 84%, Korean College Students of Low Listening Achievement 89%, and Korean Elementary Students 82%. Koreans make more errors in non-released stop perception(College High=74%, College Low=83%, Elementary=75%) than in released stops(College High=94%, College Low=95%, Elementary=89%).

The experiment demonstrates that the identification correctness for Korean groups is significantly behind that of Native Speakers of English who show almost 100%. It appears to be the influence of the Korean phonological system which never permits the release-burst in word final position. The identification correctness of L2 perception for Korean English learners is determined mainly by the presence or absence of the release burst. There is no major effect on the voicing perception in that Korean subjects, regardless of their listening ability, the duration of the English exposure, and age shows the similar scores. This result implies that EFL learners have the different perceptual change pattern from those of ESL whose phonemic coding ability which represented as the capacity to discriminate and code foreign language sounds in a way that permits their later recall improves with age(e.g. Skehan 1989) or the duration of L2 exposure(e.g. MacKay et al. 2001). The result of the cue robustness experiment suggests the characteristics of each group's pycho-acoustics structure. In non-release environment, while Native Speakers of English depends 92% on the preceding vowel and 8% on the closure as the robustness percentage, Korean College Students of High Listening Achievement depend 58% on the preceding vowel and 42% on the closure, Korean College Students of Low Listening Achievement depend 75% on the preceding vowel and 25% on the closure, and Korean Elementary Students depend 70% on the preceding vowel and 30% on the closure.

In the release environment, while Native Speakers of English depend 70% on the preceding vowel, 15% on the closure, and 14% on release as the robustness percentage, Korean College Students of High Listening Achievement depend 32% on the preceding vowel, 42% on the closure, and 24% on release. Korean College Students of Low Listening Achievement depend 41% on the preceding vowel, 40% on the closure, and 19% on release, and Korean Elementary Students depend 55% on the preceding vowel, 29% on the closure, and 16% on release.

Korean elementary school students show two different perceptual patterns in the robustness experiment. While they have similar patterns with Korean College students in the non-release environment, they are analogous to Native Speakers of English in the release environment. It seems that 5th grade students of Korean elementary schools are influenced by both phonological inventory of the native language and also psycho-linguistical pattern of the universal language.

The psycho-linguistical pattern for Korean elementary school students is embedded as the universal tendency that the young are sensitive to the dynamic cues carried on the preceding vowel. Considering the perceptual patterns for Korean College students, we can predict that Korean elementary school students may lose the sensitivity with age when they get accustomed to their native language, Korean, which never permits the release-burst in word-final stops. The result implies that L2 learners in FLL(foreign language learning) may not modify their perceptual patterns during L2 learning in the monolingual society.

References

Abramson, A., & Tingsabadh, K. 1999. "Thai final stops: cross-language perception," *Phonetica* 56. 111-122.

Boersma, P., & Weenink, D. 2005. *Praat 4. 3. Manual.* ms.

Burnham, K. 1986. "Developmental loss of speech perception: exposure to and experience with a first language," *Applied Linguistics* 7. 201-240.

Byrd, D. "54,000 American stops," *UCLA Working Papers in Phonetics* 83, 1-19, 1993.

Crowther, C., & Mann, V. 1992. "Native Language factors affecting use of vocalic cues to final consonant voicing in English," *Journal of the Acoustical Society of America* 92. 711-722.

Flege, J., Munro, M., & MacKay I. 1995. "Effects of age of second- language learning on the production of English consonants," *Speech Community* 16. 1-26.

Flege, J. 1989. "Chinese subjects' perception of the word-final English / t / − / d / contrast: performance before and after training," *Journal of Acoustical Society of America* 86. 1684-1697.

Flege, J., & Wang, C. 1990. "Native-language phonotactic constraints affect how well Chinese subjects perceive the word-final English / t / − / d / contrast," *Journal of Phonetics* 17. 299-315.

Hanson, H. M., & Stevens, K. N. 2002. "A quasiarticulatory approach to controlling acoustic source parameters in a Klatt-type formant synthesizer using HLsyn," *Journal of Acoustical Society of America* 102, 1158-1182.

Hillenbrand, J., Ingrisano, D., Smith, B., & Flege, J. 1984. "Perception of the voiced-voiceless contrast in syllable-final stops," *Journal of the Acoustical Society of America* 18-26.

Kang, S-H. 2005a. A study on asymmetry between acoustics and perception in the voice distinction of English plosives. PhD thesis, Yonsei University.

Kang, S-H. 2005b. "The study on asymmetry between acoustics and perception of the temporal cues of English plosives," *Malsori* 55. 15-31.

Kang, S-H., & Park, H. S. 2005. "A perceptual study of temporal cues of English plosives for leveled groups of Korean English learners," *Malsori* 56. 50-73.

Klatt, D. 1980. "Software for a cascade / parallel formant synthesizer," *Journal of the Acoustical Society of America* 67. 971-995.

Kluender, K., Diehl, L., & Wright, B. 1988. "Vowel-length differences before voiced and voiceless consonants: an auditory explanation," *Journal of Phonetics* 16. 153-169.

Lisker, L. 1999. "Perceiving final voiceless stops without release: effects of preceding monophthongs versus nonmonophthongs," *Phonetica* 56. 44-55.

MacKay I., Meador, D., & Flege, J., 2001. "The identification of English consonants by native speakers of Italian," *Phonetica* 58. 103-125.

Malécot, A. 1958. "The role of releases in the identification of released final stops: a series of tape-cutting experiments," *Language* 34. 370-380.

Ohde, R. 1984. "Fundamental frequency as an acoustics correlate of stop consonant voicing," *Journal of the Acoustical Society of America* 75. 224-230.

Park, H. S., & Kang, S-H. 2005. "Perception of the temporal cues in English plosives: A cross-linguistic Study," *Proceedings to Seoul Linguistics Forum 2005*. Seoul National University.

Raphael, L., Dorman, M., & Liberman, A. 1980. "On defining vowel duration that cues voicing in final position," *Language and Speech* 23. 297-308.

Redford, M., & Diehl, R. 1999. "The relative perceptual distinctiveness of initial and final consonants in CVC syllables," *Journal of Acoustical Society of America* 106. 1555-1565.

Skehan, P. 1989. *Individual differences in second-language learning.* London: Arnold.

Tsukada, K., Birdsong, D., Bialystok, E., Mack, M., Sung, H., & Flege, J. 2005. "A developmental study of English vowel production and perception by native Korean adults and children," *Journal of Phonetics* 33. 263-290.

Werker, J., & Tees, R. 1984. "Phonemic and phonetic factors in adult cross-language speech perception," *Journal of the Acoustical Society of America* 75. 1866-1878.

Werker, J. 1994. "Cross-language speech perception: Developmental change does not involve loss," In Goodman, J., & Nusbaum, H.(eds.) T*he development of speech perception: the transition from speech sounds to spoken words.* Chicago: MIT Press

Wolf, C. 1978. "Voicing cues in English final stops," *Journal of Phonetics* 6. 299-309.

Wright, R. 2004. "Perceptual cue robustness and phonotactic constraints," In Hayes, B., Kirchner, R., & Steriade, D.(eds.) *Phonetically Based Phonology*. New York:

Cambridge University Press.

Received: 4 April 2006
Accepted: 26 April 2006

A CROSS-LINGUISTIC STUDY OF THE PERCEPTION OF THE VOICING CONTRAST IN ENGLISH PLOSIVES

VII

VII. A CROSS-LINGUISTIC STUDY OF THE PERCEPTION OF THE VOICING CONTRAST IN ENGLISH PLOSIVES* **

⟨Abstract⟩

The present study investigates what interval is more important than others in the perception of the voicing contrast in English plosives across positions and subjects' native languages. Responses were analyzed in terms of the original-signal-to-response correctness and the target-interval robustness. The results showed that the original-signal-to-response correctness was lower in word-medial trochaic positions and in word-final positions. The analyses of the target-interval robustness showed that the interval of release burst and/or aspiration was the most important interval in word-initial positions and in word-medial iambic positions, and the preceding vowel was more important than the other target intervals in word-medial trochaic positions and in word-final positions.

Key words: perception, English plosives, voicing contrast, interval, correctness, robustness

---

* This paper is an extension of the authors' earlier paper, Kang and Park(2005). We conducted the same perception test as was conducted in Kang and Park(2005) with native speakers of Mandarin Chinese to see cross-linguistic similarities and differences in the perception of the voicing contrast in English plosives. The responses from speakers of Korean and native speakers of English, which was used in Kang and Park(2005), are incorporated into the present study. This paper was presented at the 39th Language Research Institute Conference held at Seoul National University in 2005.

** 본 논문은 한국언어학회 언어학 제45호(2006년 8월)에 게재되었으며, 박한상(홍익대), 강석한(인천대)과 공동으로 연구되었다.

1. INTRODUCTION

The identification of the acoustic cues to the voicing contrast between minimal pairs of stops has been an issue for a long time. The acoustic cues to the voicing contrast are numerous and vary across contexts. The salience of the acoustic cues varies with the position of a stop and the position of stress relative to a stop within a word.

The availability of the acoustic cues varies with the position of a stop within a syllable or a word. In word-initial positions, the durations of the preceding vowel and the stop closure are not available, since no preceding vowel exists and the onset of the closure can hardly be fixed. In word-final positions, the following vowel and VOT is unavailable, since they are not allowed in word-final positions except for the occurrence of a short vowel-like phonation. The availability of the duration of the word-final stop closure depends on the presence or absence of the final release, such that the durations of the stop closure and the release burst are available only when the final release is present.

The position of stress affects the perception of the voicing contrast in stops. In American English, for example, the distinction between voiced and voiceless alveolar stops is neutralized in intervocalic positions if stress falls on the immediately preceding syllable. This neutralization causes listeners to have difficulty in properly discriminating voiceless alveolar stops from voiced ones.

The voicing contrast in English plosives has been investigated in terms of various acoustic cues: VOT(Liberman, *et al.*, 1958; Lisker and Abramson, 1964, 1967, 1970), F0 perturbation(Lehiste and Peterson, 1961; Ohde, 1984; Whalen *et al.*, 1990, 1993), the presence or absence of phonation during closure(Parker, 1974; Hogan and Rozsypal, 1980; Lisker, 1981; Raphael, 1981; Hillenbrand *et al.*, 1984), vowel duration(Raphael, 1972; Krause, 1982; Raphael *et al.*, 1975; O'Kane, 1978; Raphael *et al.*,1980; Hogan and Rozsypal, 1980; Revoile *et al.*, 1982; Wardrip-Fruin, 1982; Massaro and Cohen, 1983; Fischer and Ohde, 1990; Crowther and Mann, 1992), closure duration(Lisker, 1957, 1981; Raphael, 1981; Parker and Kluender, 1986; Cazals and Palis, 1991), consonant(closure)/vowel duration ratios(Port, 1981; Port and Dalby, 1982; Massaro and Cohen, 1983; Repp and Williams, 1985), the presence of the release burst(Malécot, 1958; Wang, 1959; Wolf, 1978), the duration of the release burst(Byrd, 1993), F1 transition(Parker, 1974; O'Kane, 1978; Walsh and Parker, 1981, 1983; Revoile *et al.*, 1982; Walsh *et al.*, 1987; Fischer and Ohde, 1990; Crowther and Mann, 1992), and F2 transition(Delattre *et al.*, 1955).

There are cross-linguistic differences in the perception of the voicing contrast, since each language has different phonological units and different linguistic contexts. Lisker and Abramson(1970) found that native speakers of English, Spanish, and Thai employed different strategies in dividing the VOT continuum into stop categories according to their native language. The speakers of English differentiated stops with a short voicing lag from those with a long voicing lag. The speakers of Spanish differentiated stops with a voicing lead from those with a short voicing lag. And the speakers of Thai divided the VOT continuum into three different stops: stops with a voicing lead, stops with a short lag, and stops with a long lag. Crowther and Mann (1992) investigated the effectiveness of vowel duration and F1 offset frequency as cues to final stop voicing in speakers of English, Japanese, and Mandarin. The native speakers of English were more responsive to differences in vowel duration than the native speakers of Japanese or Mandarin. These results suggest that subjects' native language affects the perception of the voicing contrast in English stops and that non-native speakers of English are likely to fail to properly perceive the voicing contrast in English stops or to employ different strategies in the perception of the voicing contrast in English stops.

Earlier studies have been focused mainly on the effect of individual acoustic cues on the perception of the voicing contrast in English plosives. The earlier studies conducted by manipulating what is thought of as a single acoustic cue, in nature, failed to consider the association of acoustic cues with those in other intervals or even in the same interval. For example, the stimuli in VOT continua may be associated with the extent of F1 frequency change, the duration of the attenuation of the F1 transition, and other cues. VOT stimuli are, in fact, best thought of as a complex of acoustic cues rather than as a single acoustic cue(Raphael, 1995). In addition, the results of the earlier studies have a restricted meaning due to the constraints on the stimuli made by splicing technique or synthesis. The present study is more concerned with what is the most important interval than what is the most important acoustic cue to the perception of the voicing contrast in English plosives. This approach may seem to be quite primitive, but is sure to be a valid start.

The present study determines the most important interval in the perception of the voicing contrast in English plosives across positions and subjects' native languages. For the present study, stimuli were made by combining the intervals from minimal pairs of cognate stops: the preceding vowel, the stop closure, the release burst and aspiration, and the following vowel. Responses from the perception tests are analyzed in terms of the original-signal-to-response correctness and the target-interval robustness(Kang and Park, 2005). The present study conducts perception tests with bilabial, alveolar, and velar stops in word-initial, word-medial, and word-final positions with native speakers of English, Korean, and Mandarin Chinese. Stress pattern is additionally considered in word-medial positions (trochaic and iambic) and the presence of the final release burst is further considered in word-final positions(with release and without release). The three languages have bilabial, alveolar, and velar stops in common but have unique phonotactics. Stops occur in all positions in English, while they do not occur in word-final positions in Mandarin Chinese. Stops lack a final release in word-final positions in Korean, which leads to the neutralization of the laryngeal contrast.

2. METHODS

1) Stimuli

Two native speakers of American English were recruited to obtain minimal pairs of cognate stops to make stimuli for the present study. One of them was a 28-year-old male who was born and raised in Springfield, Illinois. The other was a 37-year-old male who was born and raised in Chicago, Illinois. None of them had any history of speech disorders.

Minimal pairs of cognate English plosives were selected from different places of articulation and positions. Two prosodic environments were additionally considered to examine the influence of the stress on the perception of the English plosives. The minimal pairs were embedded in frame sentences to minimize the effects of the other factors. The minimal pairs and frame sentences used in the present study are provided below:

(1) Word-initial
  Word: pad, bad, tad, dad, cad, gad
  Frame sentence: '___ again, please'
(2) Word-medial:
  1) Trochaic

Word: dapper, dabber, dadder, datter, dacker, dagger
Frame sentence: 'Say ___ again.'

2) Iambic

Word: pad, bad, tad, dad, cad, gad
Frame sentence: 'Say the ___, again'

(3) Word-final:

Word: dap, dab, dat, dad, dack, dag
Frame sentence: 'Say ___.'

Some of the selected words are nonsense words. However, they do not seem to distort subjects' responses significantly. The selected words are under the same condition except for the voicing contrast of cognate stops. In word-initial positions, all words end with [-æd]. In word-final positions, all words begin with [dæ-]. In word-medial trochaic positions, all words begin with [dæ-] and end with [-ɚ]. In word-medial iambic positions, all words end with [-æd]. It should be noted that in the frame sentence for the word-initial iambic position, 'the' [ðə] was intentionally inserted before the words ending with [-æd] to form an iambic foot.

The two native speakers of English were asked to read randomly ordered sentences. Recording was conducted in a sound-proof broadcasting booth at the University of Incheon. Speech sounds were recorded with a Shure SM10A microphone on a TASCAM DA-P1 DAT recorder. The recorded speech sounds were digitized at a sampling rate of 44,100㎐ and a quantization rate of 16 bits.

Speech samples for the stimuli were extracted from the recorded sentences that show prosodic features and phonological processes of American English. Specifically, words with a voicing lead during the stop closure were selected for voiced stops in the word-initial position. Although a voicing lead during the stop closure in voiced stops is in free variation with a short voicing lag in English, a stop closure with a voicing lead was more appropriate for the present study, since a stop closure without a voicing lead in voiced stops would not differ from a stop closure in voiceless stops. Words with a substantial amount of aspiration were selected for voiceless stops in the word-initial position. Second, bi-syllabic words with stress on the preceding syllable were selected for the word-medial trochaic position. As a corollary, alveolar stops, voiced or voiceless, were phonetically realized as flaps in those words. Third, the same words that were used for the word-initial position were selected for the word-medial iambic position. These words were preceded by the definite article 'the' so that the sequence of the definite article and the following word can constitutes an iambic foot. It should be noted that bi-syllabic words that begin with [ə] and end with [-æd] and at the same time constitute a binary iambic foot can hardly be found in English. Finally, words with a final release were selected for the word-final position, even though the final release is optional in English, since the interval of the stop closure can not be determined without the final release in word-final positions.

The extracted speech samples were segmented by drawing

a boundary between outstanding acoustic landmarks at a nearest zero-crossing point on Praat 4.3.19. The durations of the segments are provided in Table 1.

〈Table 1〉 Duration of the unit intervals in milliseconds

Position	Word	Preceding Vowel	Closure	Release Burst and Aspiration	Following Vowel
Word-initial	pad		110	61	240
	bad		110	8	287
	tad		110	68	260
	dad		110	10	286
	cad		112	81	267
	gad		112	34	276
Word-medial (trochaic)	dapper	164	55	20	101
	dabber	173	58	13	134
	datter	169	17	21	114
	dadder	178	20	20	113
	dacker	152	52	50	101
	dagger	165	41	20	106
Word-medial (iambic)	the pad	50	92	112	302
	the bad	55	98	10	390
	the tad	48	91	82	332
	the dad	68	98	10	371
	the cad	60	81	93	342
	the gad	87	91	25	381
Word-final	dap	220	149	181	
	dab	378	72	181	
	dat	209	194	182	
	dad	371	36	181	
	dack	200	176	179	
	dag	398	61	185	

In Table 1, for the word-initial position, the duration of the stop closure of voiced stops('bad, dad, gad') represents the duration of a voicing lead during the stop closure, while the duration of the stop closure of voiceless stops('pad, tad, cad') stands for the duration of the stop closure corresponding to the duration of a voicing lead of the cognate voiced stops. The duration of the release burst and aspiration represents the sum of the durations of the release burst and aspiration if both of them occur in speech samples, since the release burst is too short to be a separate interval; otherwise, only the duration of the release burst. Examples of the segmentation of the unit intervals in the word-initial position are portrayed in Figure 1 and Figure 2. The label of Closure stands for the stop closure, the label of RB & A for the release burst and aspiration, the label of Following Vowel for the following vowel, and [d] for the consonant following the vowel. As shown in Figure 1, there is no voiced phonation during the stop closure in voiceless stops, while, as shown in Figure 2, there is a voicing lead during the stop closure in voiced stops. Following Vowel and [d] are collapsed into one interval for both voiceless and voiced stops when they are used to make stimuli.

In Table 1, for the word-medial trochaic position, there was little difference in the duration of the release burst between voiceless and voiced alveolar stops, which is due to the flapping of the alveolar stops in word-medial trochaic positions. Examples of the segmentation of the unit intervals in word-medial trochaic positions are illustrated in Figure 3 and Figure 4. The label of Preceding Vowel stands for the preceding vowel. As shown in Figure 3, there is no voiced phonation during the stop closure in voiceless stops, while, as shown in Figure 4, there is a voiced phonation during the stop closure in voiced stops. [d] and the Preceding Vowel are collapsed into one interval for both voiceless and voiced stops when they are used to make stimuli.

In Table 1, for the word-medial iambic position, only the syllabic nuclei were considered for the preceding vowel in 'the,' since it was difficult to locate the onset of the [△] due to the liaison of the preceding word 'say.' However, subjects had no difficulty in perceiving the syllable nuclei alone as [△↔], since the formant transitions in the earlier part of the syllable nuclei provide sufficient information about the identity of the consonant preceding the vowel, and word strings including 'the,' such as 'the pad' or 'the bad,' were given as choices of the responses in the identification tests. Examples of the segmentation of the unit intervals in word-medial iambic positions are illustrated in Figure 5 and Figure 6. Following Vowel and [d] are collapsed into one interval for both voiceless and voiced stops when they are used to make stimuli, as is the case in the word-initial position.

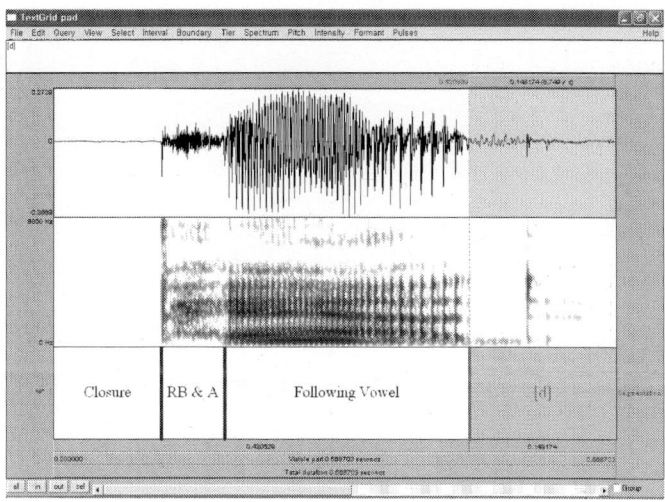

〈Figure 1〉 Segmentation of 'pad'

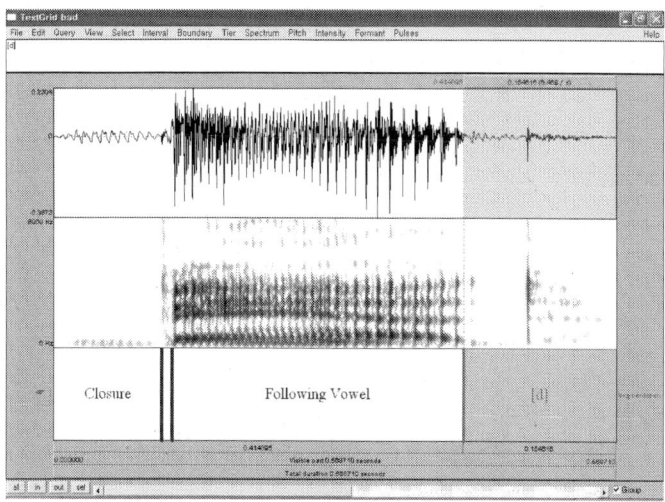

〈Figure 2〉 Segmentation of 'bad'

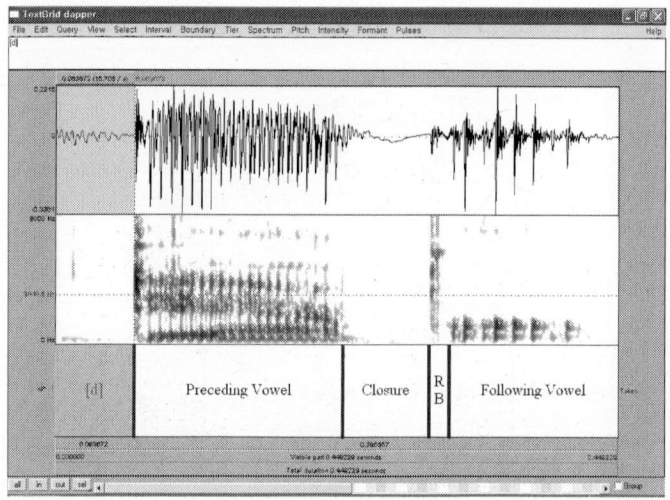

〈Figure 3〉 Segmentation of 'dapper'

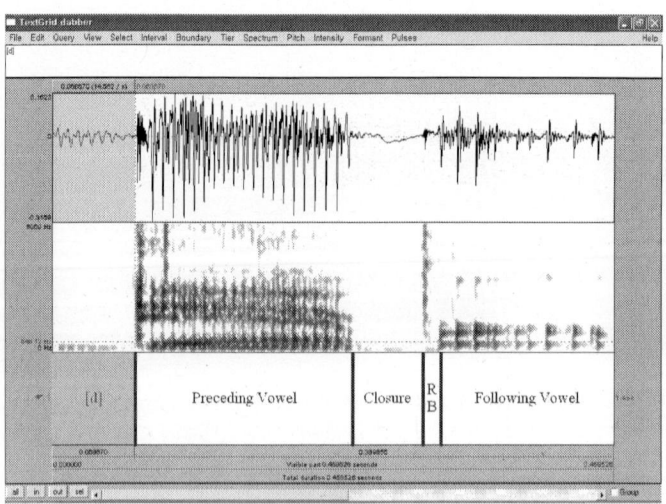

〈Figure 4〉 Segmentation of 'dabber'

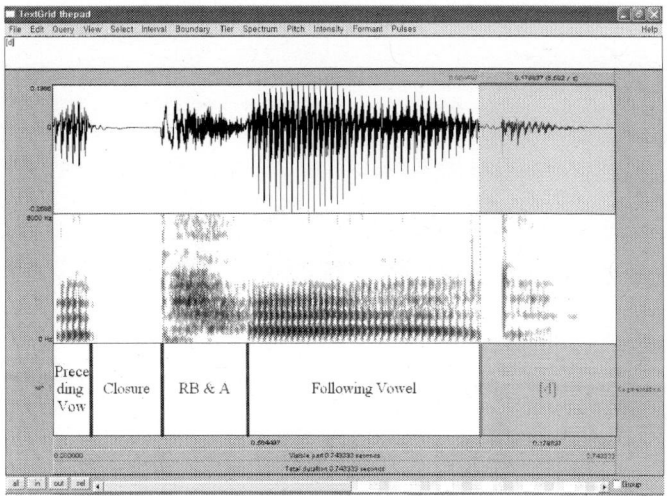

〈Figure 5〉 Segmentation of 'the pad'

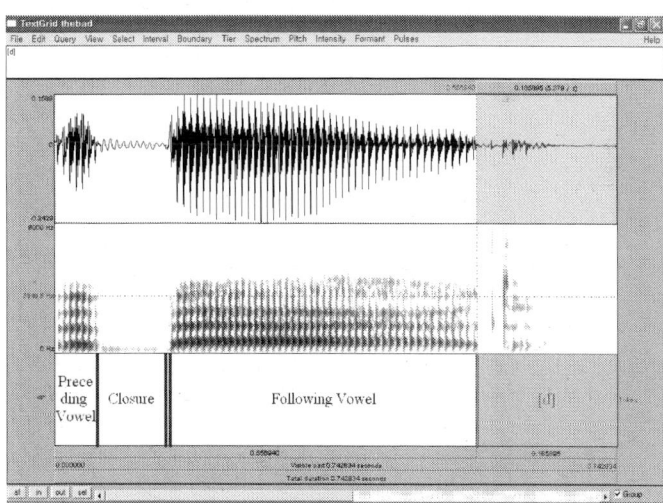

〈Figure 6〉 Segmentation of 'the bad'

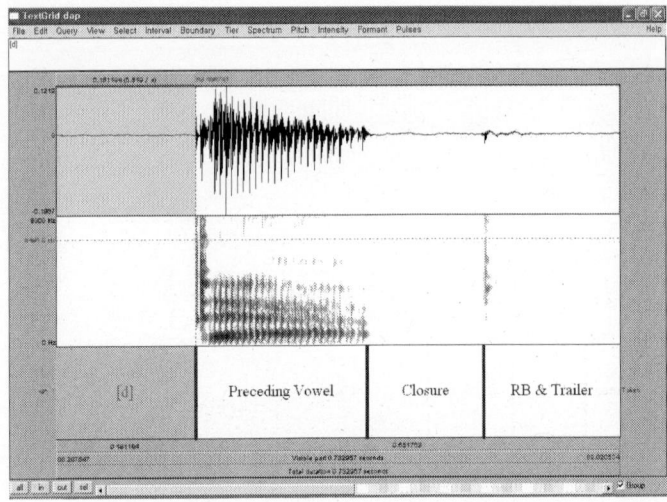

〈Figure 7〉 Segmentation of 'dap'

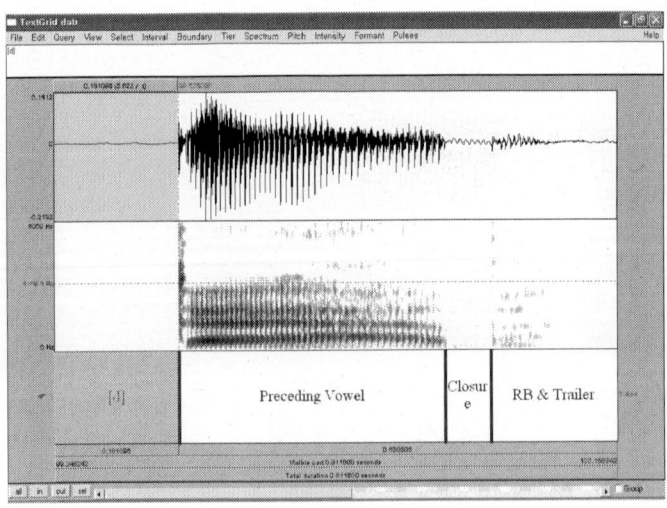

〈Figure 8〉 Segmentation of 'dab'

Examples of the segmentation of the unit intervals in word-final positions are illustrated in Figure 7 and Figure 8. As shown in Figure 7, there is no voiced phonation during the stop closure in voiceless stops, while, as shown in Figure 8, there occurs a voicing lead during the stop closure in voiced stops. The label of RB & Trailer represents the release burst and its trailing signal. [d] and Preceding Vowel are collapsed into one interval for both voiceless and voiced stops when they are used to make stimuli, as is the case in word-medial trochaic positions.

Minimal pairs of cognate stops were divided into a set of 3 or 4 unit intervals: the preceding vowel, the stop closure, the release burst(and aspiration), and the following vowel. Stimuli were made by combining the unit intervals. The order of the unit intervals is fixed, so that the release burst(and aspiration) never precedes the stop closure. Each unit interval was labeled as 0 or 1 according to its voicing identity, such that 0 stands for 'an interval which is extracted from the word of a voiceless plosive' and 1 for 'an interval which is extracted from the word of a voiced plosive' Combination of the unit intervals labeled 0 and 1 provides bit strings of a length of four digits each of which allows the occurrence of 0 or 1. The first digit was dubbed 'x' in the word-initial position where the preceding vowel does not occur, and the last digit was also dubbed 'x' in word-final positions where the following vowel does not occur. Thus, x000 stands for the original word including a voiceless plosive in the word-initial position, and 111x for the original word including a voiced plosive in the word-final position. x010 is a stimulus made of a sequence of the stop closure(0: voiceless), the release burst and aspiration(1: voiced), and the following vowel(0: voiceless) in the word-initial position which lacks the preceding vowel(x: empty). As a result, 8 stimuli were made for the word-initial position(x000, x001, ……, x110, x111), and 16 stimuli for the word-medial position(0000, 0001, ……, 1110, 1111), and 8 stimuli for word-final position (000x, 001x, ……, 110x, 111x). Yet another set of stimuli(00xx, 01xx, 10xx, 11xx) was additionally made for the word-final position by simply removing the final release to see how subjects respond to the stimuli lacking the final release. Therefore, the total number of stimuli amounts to 52.

2) Perception tests

Seven native speakers of English(2 Americans and 5 Canadians), 22 native speakers of Korean, and 7 native speakers of Mandarin Chinese(all of them are from Dalian, 大連) participated in the perception tests. Native speakers of English were English instructors at the University of Incheon, and native speakers of Korean and Mandarin Chinese were freshmen at the University of Incheon.

An ExperimentMFC, a Praat object where an identical token was programmed to be played three times in a random order, was used for each session of the perception tests. The perception tests were conducted in the office of one of the authors'. Subjects, wearing a headset, were asked to mouse-click on one of the two choice words on screen. It took about 30 minutes for each subject to complete a series of tasks. Subjects' responses were statistically analyzed with SPSS 12.0.

Responses were analyzed in terms of the 'original-signal-to-response correctness' and the 'target-interval robustness.' The original-signal-to-response correctness is defined as 'the percentage of the correct responses to a stimulus of a sequence of intervals whose numeric labels are identical in all digits.' Responses are correct if they are voiceless when x000, 0000, 000x, or 00xx is given or if they are voiced when x111, 1111, 111x, or 11xx is given. The original-signal-to-response correctness tests how difficult it is to identify the original words correctly. Native speakers of English are expected to provide an original-signal-to-response correctness of 100% or close to 100%. If they provide an original-signal-to-response correctness much below 100%, it means that even native speakers have difficulty in identifying the original word correctly. It suggests that non-native speakers have much more difficulty in doing the same task.

The target-interval robustness is defined as 'the percentage of the agreement of voicing identity between a response and the target interval which has an opposite voicing identity to the other intervals.' A target interval is robust if the voicing identity of the response agrees with that of the target interval, and not robust elsewhere. The target-interval robustness is 100% high at its maximum for each type of response(voiced or voiceless). The target-interval robustness tests how robust the target interval is in the perception of the voicing contrast without being masked by the background signals whose voicing identity is opposite to the target interval. The target-interval robustness can be compared to the robustness of the lead singer's voice in rock music performance, in the sense that the lead singer's voice sometimes prevails over the background music but other times are masked by the background music. The target-interval robustness can vary with the voicing identity of the background signals. It can be analogous to the blue spots in the cloudy sky and spots of white clouds in the blue sky. The former may be more impressive than the latter to some subjects but the other way to other subjects.

It is expected that there are differences in the target-interval robustness across positions and subjects' native languages. This study assumes that if the original-signal-to-response correctness is high enough, the target-interval robustness will be more contrastive, since the responses from which the target-interval robustness is computed will be less dependent upon chance.

3. RESULTS

1) Original-Signal-to-Response Correctness(OSRC)

The cross table of the percentage of the responses to the given stimuli is provided in Table 2.

In Table 2, stops of concern are italicized in the words. Voiceless responses are shaded gray. The percentages of correct responses below 90% and wrong responses above 10% are bold-faced. The sum of voiceless and voiced responses for each word makes 100%. Table 2 can be read, for example, as follows: for the word-initial position, native speakers of English provided voiceless responses of 100% and voiced responses of 0% to the word including a voiceless bilabial stop, that is, 'pad,' but voiced responses of 95.2% and voiceless responses of 4.8% to the word including a voiced bilabial stop, that is, 'bad.'

As shown in Table 2, for the word-medial trochaic position, native speakers of English, Korean, and Mandarin Chinese commonly provided a correct response of less than 90% to the words including an alveolar stop and to the word including a voiced bilabial stop. The lower percentages of correct responses to the words including alveolar stops in the word-medial trochaic position can be attributed to the flapping of alveolar stops in word-medial trochaic positions in American English. In addition, native speakers of English, Korean, and Mandarin Chinese provided a correct response of less than 90% to other words including bilabial or velar stops in the word-medial trochaic position.

〈Table 2〉 The cross table of the responses to the given stimuli across places of articulation, positions, and subjects' native languages. The unit is%.

Position	Stimuli	Responses					
		English		Korean		Chinese	
		voice-less	*voiced*	*voice-less*	*voiced*	*voice-less*	*Voiced*
Word-Initial	*p*ad	100	0	100	0	100	0
	*b*ad	4.8	95.2	0	100	0	100
	*t*ad	100	0	100	0	100	0
	*d*ad	0	100	0	100	0	100
	*c*ad	100	0	100	0	100	0
	*g*ad	0	100	0	100	0	100
Word-Medial (Trochaic)	da*pp*er	100	0	87.9	12.1	42.9	57.1
	da*bb*er	28.6	71.4	15.2	84.8	14.3	85.7
	da*tt*er	28.6	71.4	27.3	72.7	19	81
	da*dd*er	23.8	76.2	65.2	34.8	47.6	52.4
	da*ck*er	95.2	4.8	92.4	7.6	76.2	23.8
	da*gg*er	4.8	95.2	0	100	14.3	85.7
Word-Medial (Iambic)	the *p*ad	100	0	100	0	100	0
	the *b*ad	0	100	0	100	0	100
	the *t*ad	100	0	100	0	100	0
	the *d*ad	0	100	0	100	0	100
	the *c*ad	100	0	100	0	100	0
	the *g*ad	0	100	1.5	98.5	0	100
Word-Final (+Release)	da*p*	95.2	4.8	90.9	9.1	52.4	47.6
	da*b*	4.8	95.2	7.6	92.4	47.6	52.4
	da*t*	100	0	100	0	90.5	9.5
	da*d*	0	100	4.5	95.5	0	100
	da*ck*	100	0	93.9	6.1	81	19
	da*g*	0	100	0	100	42.9	57.1

| Position | Stimuli | Responses ||||||
| | | English || Korean || Chinese ||
		voice-less	*voiced*	*voice-less*	*voiced*	*voice-less*	*Voiced*
Word-Final (-Release)	da*p*	100	0	69.7	30.3	42.9	57.1
	da*b*	4.8	95.2	18.2	81.8	33.3	66.7
	da*t*	90.5	9.5	60.6	39.4	42.9	57.1
	da*d*	0	100	19.7	80.3	19	81
	da*ck*	100	0	86.4	13.6	33.3	66.7
	da*g*	0	100	7.6	92.4	23.8	76.2

For the word-final position without release, native speakers of Korean and Mandarin Chinese provided a correct response of less than 90% to the words including stops of all places of articulation. For the word-final position without release, native speakers of Mandarin Chinese provided a correct response of less than 90% to the words including stops of all places of articulation but alveolar stops.

Due to the flapping of alveolar stops in American English, responses to the words including alveolar stops in word medial trochaic positions are excluded in computing the original-signal-to-response correctness(OSRC hereafter) and the target-interval robustness(TIRO hereafter). The OSRC by subjects' native language across positions is illustrated in Figure 9.

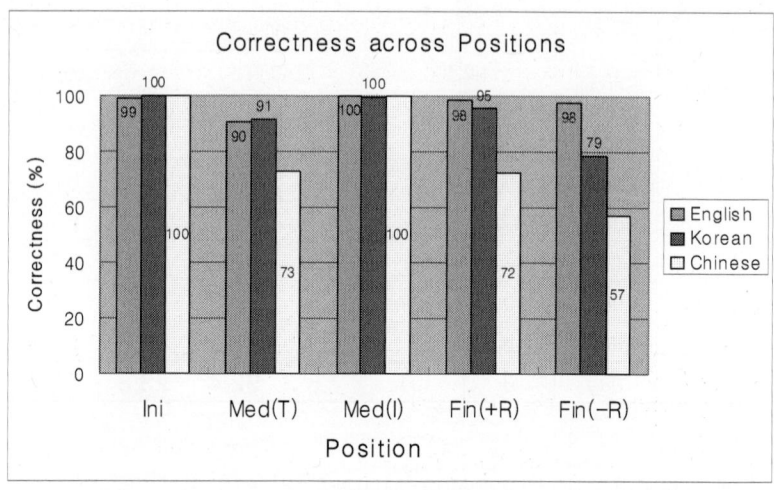

⟨Figure 9⟩ OSRC by subjects' native language across positions

As shown in Figure 9, native speakers of English produced an OSRC of 100% or higher than 90% in all positions except in the word-medial trochaic position. It is natural that native speakers of English produced an OSRC of 100% or higher than 90%, since English is their native language. The OSRC was 100% or close to 100% in the word-initial and word-medial iambic positions regardless of subjects' native language, which means that even non-native speakers of English had no difficulty in providing correct responses to the given stimuli. However, non-native speakers of English provided a relatively lower OSRC in the word-medial trochaic position and in word-final positions with and without release, which means that they had some difficulty in correctly identifying responses to the given stimuli in those positions.

Specifically, for the word-medial trochaic position, there was a substantial difference in OSRC between native speakers of Mandarin Chinese and native speakers of English or Korean, while there was little difference in OSRC between native speakers of English and native speakers of Korean. The same is true for the word-final position with release. However, for the word-final position without release, native speakers of English provided a substantially higher OSRC than native speakers of Korean, who, in turn, have a substantially higher OSRC than native speakers of Mandarin Chinese.

The lower OSRC in the word-medial trochaic position for both native and non-native speakers of English suggests that the voicing distinction becomes somewhat obscure in the word-medial trochaic position. The difference in OSRC between subjects' native languages in the word-final position with and without release seem to be due to the influence of the phonotactic behaviors of the subjects' native languages, such as the lack of release leading to the laryngeal neutralization in word-final positions in Korean and no occurrence of obstruents in word-final positions in Mandarin Chinese.

Comparison of the distributions of OSRCs showed that there was no significant difference in OSRC across subjects' native languages at the significance level of $0.05(\Xi^2=12.909,\ df=8,\ p=0.115)$. Pairwise comparisons showed that there was a significant difference between English and Mandarin Chinese $(\Xi^2=10.999,\ df=4,\ p<0.05)$ but no significant difference between the other pairs of subjects' native languages$(\Xi^2=3.251,\ df=4,\ p=0.517$ between English and Korean; $\Xi^2=7.479,\ df=4,\ p=0.113$

between Korean and Mandarin Chinese).

2) Target-Interval Robustness(TIRO)

As was noted earlier, the target-interval robustness tests how robust the target interval is in the perception of the voicing contrast without being masked by the background signals which have voicing identity opposite to the target interval. The TIROs are provided across subjects' native languages for each position to test how robust the target interval is in the perception of the voicing contrast in English plosives.

(1) The Word-Initial Position

The TIROs in the word-initial position are depicted in Figure 10-Figure 12.

In Figure 10-Figure 12, the abscissa stands for stimuli and the ordinate for the TIROs in%. On the top of the bars are the TIROs provided. The first three stimuli(x100, x010, x001) have a voiced target interval, while the other three(x011, x101, x110) have a voiceless target interval. Except for the initial digit labeled 'x', each interval has an opposite voicing identity between the pair of the first stimulus and the fourth one. The same is true for the pairs of the second and the fifth, and of the third and the sixth.

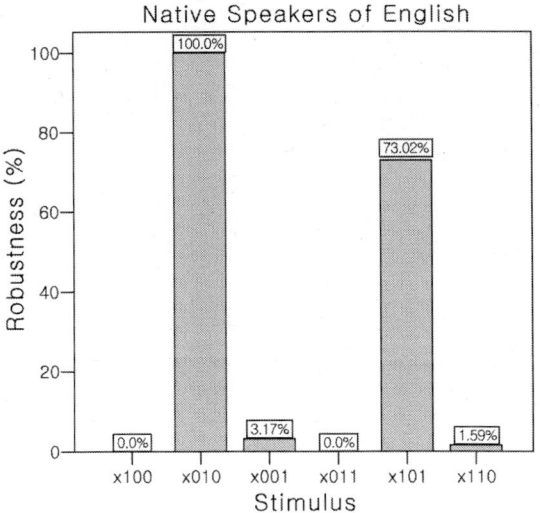

〈Figure 10〉 The TIROs in the word-initial position for native speakers of English

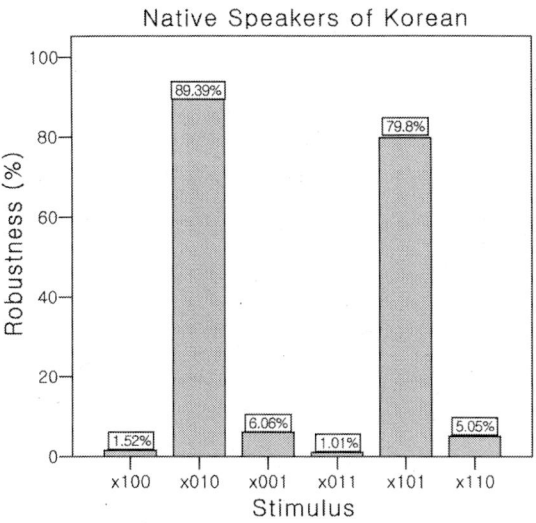

〈Figure 11〉 The TIROs in the word-initial position for native speakers of Korean

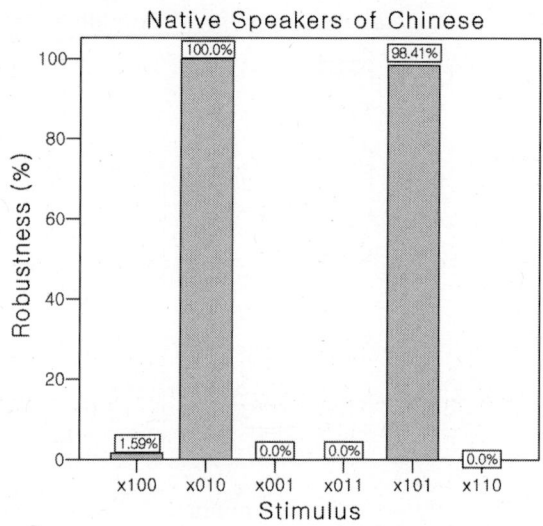

⟨Figure 12⟩ The TIROs in the word-initial position for native speakers of Mandarin Chinese

As shown in Figure 10-Figure 12, native speakers of English, Korean, and Mandarin Chinese commonly provided a remarkably high TIRO with the release burst and aspiration in the word-initial position for both voiceless and voiced target intervals. This means that the release burst and aspiration is by far the most important target interval in the perception of the voicing contrast in English in the word-initial position. The reason seems to be that the absence of a long VOT is perceived as the presence of the voiced target interval. It is interesting that the TIRO of the release burst and aspiration is higher with the voiced target interval than with the voiceless target interval.

For the voiced target interval, there is no substantial difference in the TIRO across subjects' native languages, such that native speakers of English, Korean, and Mandarin Chinese commonly provided a TIRO of 100% or close to 100%. For the voiceless target interval, native speakers of Mandarin Chinese provided a substantially higher TIRO than native speakers of Korean who, in turn, provided a substantially higher TIRO than native speakers of English.

Comparison of the distributions of TIROs showed that there was no significant difference between subjects' native languages in the word-initial position at the significance level of 0.05 ($\Xi^2=13.275$, $df=10$, $p=0.209$). Pairwise comparisons showed that there was no significant difference between any pair of subjects' native languages, either ($\Xi^2=4.558$, $df=5$, $p=0.472$ between English and Korean; $\Xi^2=5.566$, $df=4$, $p=0.234$ between English and Mandarin Chinese; $\Xi^2=9.019$, $df=5$, $p=0.108$ between Korean and Mandarin Chinese). It should be noted that a degree of freedom of 4, which is less than that of the other pairs by 1, for the pair of English and Mandarin Chinese is due to a frequency of less than 5 in the cells of the contingency table. Although there is no statistically significant difference in the TIRO across subjects' native languages in the word-initial position, the higher value of Ξ^2 for native speakers of Mandarin Chinese means that they are more sensitive to the presence of VOT in the perception of the voicing contrast in English plosives in the word-initial position than native speakers of Korean or English.

(2) The Word-Medial Trochaic Position

The TIROs in the word-medial trochaic position are portrayed in Figure 13-Figure 15.

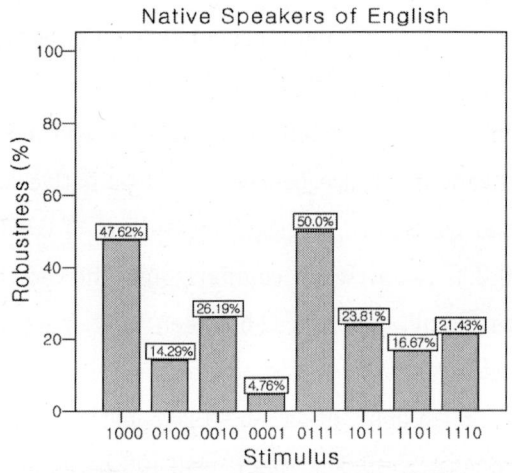

〈Figure 13〉 The TIROs in the word-medial trochaic
position for native speakers of English

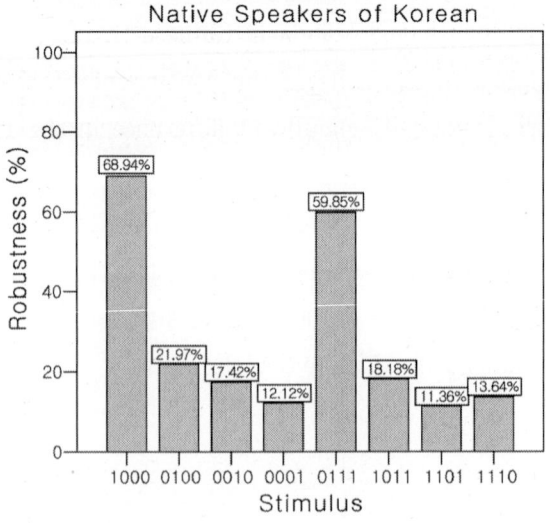

〈Figure 14〉 The TIROs in the word-medial trochaic
position for native speakers of Korean

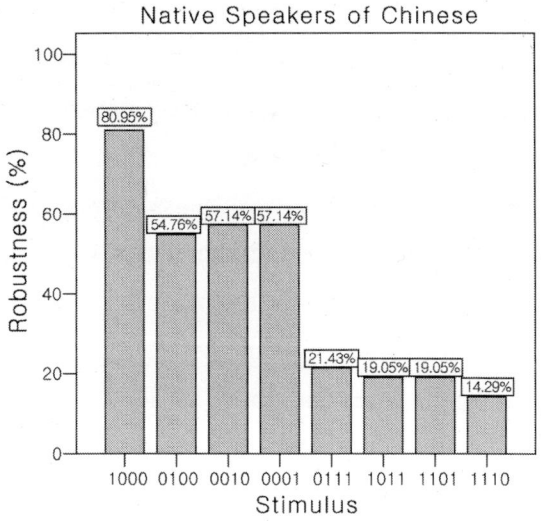

〈Figure 15〉 The TIROs in the word-medial trochaic
position for native speakers of Mandarin Chinese

In Figure 13-Figure 15, the first four stimuli(1000, 0100, 0010, 0001) have a voiced target interval, while the other four(0111, 1011, 1101, 1110) have a voiceless target interval. Each interval has an opposite voicing identity between the corresponding pairs of the common target interval.

As shown in Figure 13 and Figure 14, native speakers of English and Korean commonly provided a higher TIRO with the preceding vowel than with the other target intervals in the word-medial trochaic position for both voiceless and voiced target intervals. This means that the preceding vowel is the most important target interval in the perception of the voicing contrast in English plosives in the word-medial trochaic position for native speakers of English and Korean. As shown in Figure 15, however, for native speakers of Mandarin Chinese, the TIROs are higher with the voiced target intervals than with the voiceless target intervals. This means that the voiced target intervals are robust while the voiceless target intervals are easily masked by the background signals, in general. It seems that the voiced target intervals are more impressive to native speakers of Mandarin Chinese than the voiceless target intervals whatever the target intervals are. The TIRO of the preceding vowel is the highest for both the voiced or voiceless target intervals for native speakers of Mandarin Chinese, which means that the preceding vowel is the most important interval in the perception of the voicing contrast in English plosives in the word-medial trochaic position for native speakers of Mandarin Chinese, too.

Comparison of the distributions of TIROs showed that there was a significant difference between subjects' native languages in the word-medial trochaic position at the significance level of $0.05(\Xi^2=62.278$, df=14, p$\langle 0.0001)$. Pairwise comparisons showed that there was no significant difference between English and Korean($\Xi^2=9.038$, df=7, p=0.250), while there was a significant difference between English and Mandarin Chinese $(\Xi^2=33.148$, df=7, p$\langle 0.0001)$ and between Korean and Mandarin Chinese($\Xi^2=47.993$, df=7, p$\langle 0.0001)$. The significantly different distribution of TIROs for native speakers of Mandarin Chinese means that they employ quite different strategies in the perception of the voicing contrast in English plosives in the word-medial trochaic position. It seems to be closely related to the fact that they are more sensitive to the presence of VOT in the perception of the voicing contrast in English plosives in the word-medial trochaic position than native speakers of Korean or English.

(3) The Word-Medial Iambic Position

The TIROs in the word-medial iambic position are displayed in Figure 16-Figure 18.

As shown in Figure 16-Figure 18, native speakers of English, Korean, and Mandarin Chinese commonly provided remarkably high TIROs with the release burst and aspiration in the word-medial iambic position for both voiceless and voiced target intervals, as is the same with the word-initial position. This means that the release burst and aspiration is by far the most important target interval in the perception of the voicing contrast in the word-medial iambic position for native speakers of English, Korean, and Mandarin Chinese. As in the word-initial position, the absence of a long VOT is perceived as the presence of the voiced target interval. It is interesting that the TIRO of the release burst and aspiration is higher with the voiceless target interval than with the voiced target interval, which is opposite to the word-initial position.

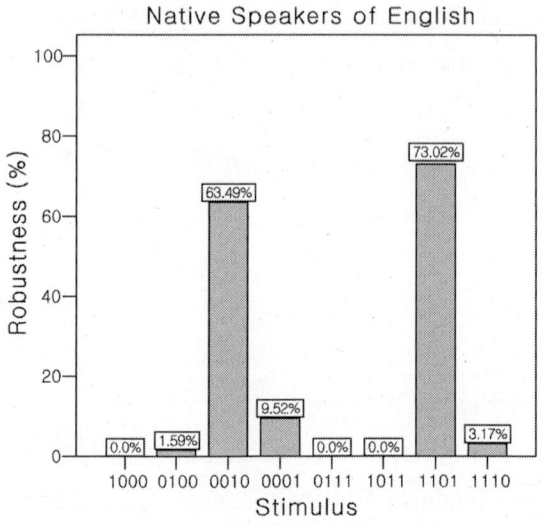

⟨Figure 16⟩ The TIROs in the word-medial iambic
position for native speakers of English

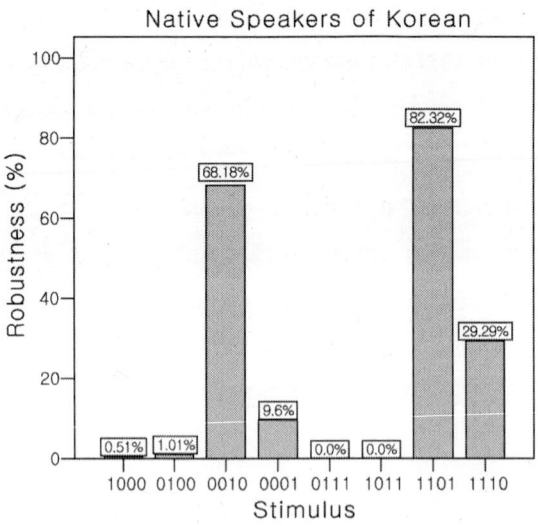

⟨Figure 17⟩ The TIROs in the word-medial iambic
position for native speakers of Korean

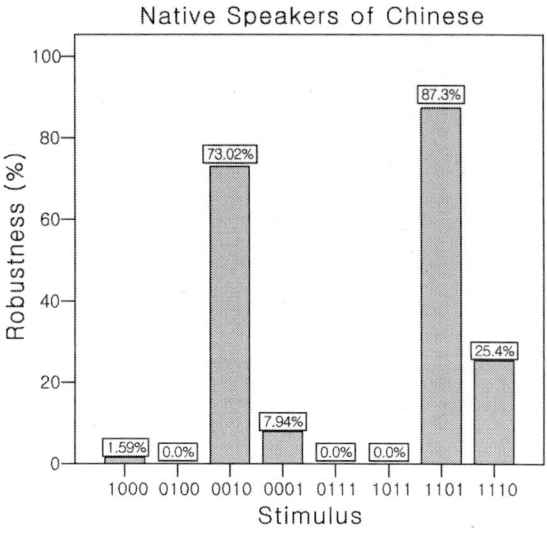

⟨Figure 18⟩ The TIROs in the word-medial iambic
position for native speakers of Mandarin Chinese

For both the voiced and voiceless target intervals, native speakers of Mandarin Chinese provided a substantially higher TIRO than native speakers of Korean who, in turn, provided a substantially higher TIRO than native speakers of English. This means that native speakers of Mandarin Chinese are more sensitive to the presence of VOT in the perception of the voicing contrast in English plosives than native speakers of Korean, who in turn, are more sensitive to the presence of VOT than native speakers of English.

The non-native speakers of English show a higher TIRO of the voiceless target interval of the following vowel than native speakers of English, which means that native speakers of

Korean and Mandarin Chinese depend to an extent on the information manifested in the voiced target interval of the following vowel in the word-medial iambic position in the perception of the voicing contrast in English plosives.

Comparison of the distributions of TIROs showed that there was no significant difference between subjects' native languages in the word-medial iambic position at the significance level of $0.05(\Xi^2=14.715, df=10, p=0.143)$. Pairwise comparisons showed that there was a significant difference between English and Korean$(\Xi^2=12.628, df=5, p\langle 0.05)$, while there was no significant difference between English and Mandarin Chinese $(\Xi^2=10.782, df=5, p=0.056)$ or between Korean and Mandarin Chinese$(\Xi^2=1.999, df=5, p=0.849)$. The significantly different distributions of TIROs between native speakers of English and the non-native speakers of English can be attributed partly to the difference in the TIROs of the release burst and aspiration and partly to the difference in the TIROs of the following vowel in the word-medial iambic position.

(4) The Word-Final Position with Release

The TIROs in the word-final position with release are illustrated in Figure 19-Figure 21.

In Figure 19-Figure 21, the first three stimuli(100x, 010x, 001x) have a voiced target interval, while the other three(011x, 101x, 110x) have a voiceless target interval. Except for the final digit labeled 'x', each interval has an opposite voicing identity between the corresponding pairs of the common target interval.

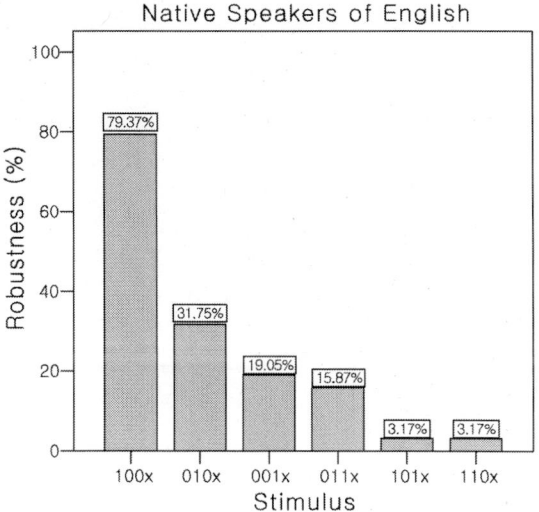

〈Figure 19〉 The TIROs in the word-final position with
release for native speakers of English

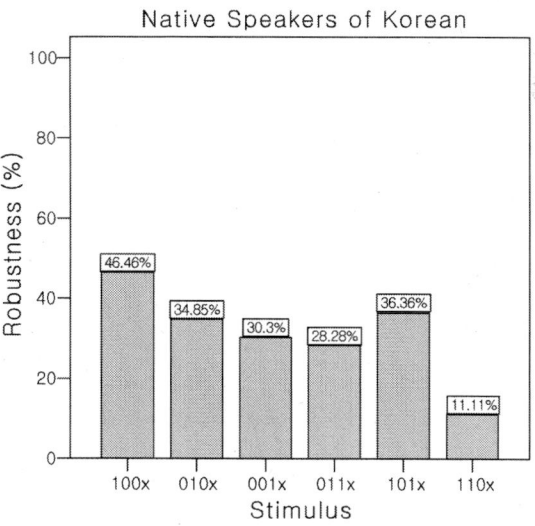

〈Figure 20〉 The TIROs in the word-final position with
release for native speakers of Korean

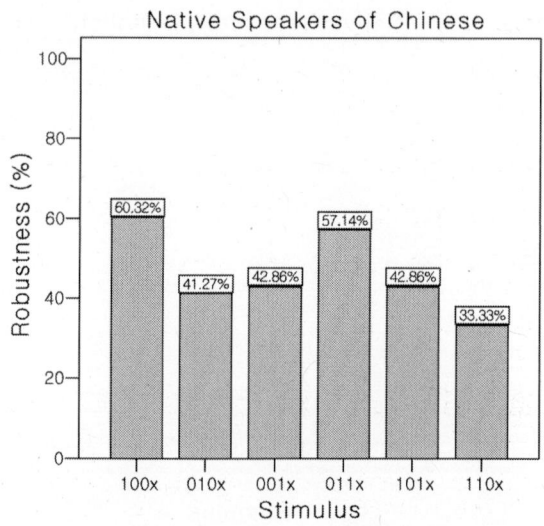

〈Figure 21〉 The TIROs in the word-final position with
release for native speakers of Mandarin Chinese

As shown in Figure 19, native speakers of English provided
a remarkably high TIRO for the voiced target interval of the
preceding vowel. They also provided a substantially higher
TIRO with the voiced target intervals than with the voiceless
target intervals. For both the voiced and voiceless target inte-
rvals, the TIRO was higher with the preceding vowel than with
the other target intervals, which means that the preceding vowel
is the most important interval in the word-final position with
release in the perception of the voicing contrast in English
plosives for native speakers of English.

For native speakers of Korean, as shown in Figure 20, the
TIRO was higher with the preceding vowel than with the other
target intervals when the background signals are voiceless,

while it was higher with the stop closure than with the other target intervals when the background signals are voiced. This means that no particular interval is more important than other intervals regardless of the voicing identity of the target interval in the word-final position with release in the perception of the voicing contrast in English plosives for native speakers of Korean. In other words, the importance of the target interval varies with the voicing identity of the background signals.

For native speakers of Mandarin Chinese, as shown in Figure 21, the TIRO was higher with the preceding vowel than the other target intervals for both the voiced and voiceless target intervals. This means that the preceding vowel is the most important interval in the word-final position with release in the perception of the voicing contrast in English plosives for native speakers of Mandarin Chinese.

Comparison of the distributions of TIROs showed that there was a significant difference between subjects' native languages in the word-final position with release at the significance level of $0.05 (\Xi^2 = 54.909,\ df=10,\ p<0.0001)$. Pairwise comparisons showed that there was no significant difference between Korean and Mandarin Chinese $(\Xi^2 = 10.191,\ df=5,\ p=0.070)$, while there was a significant difference between English and Korean $(\Xi^2 = 37.361,\ df=5,\ p<0.0001)$ and between English and Mandarin Chinese $(\Xi^2 = 40.547,\ df=5,\ p<0.0001)$. The significantly different distributions of TIROs between native speakers of English and the non-native speakers of English can be attributed partly to the remarkably high TIRO of the preceding vowel for native speakers of English and partly to the relatively even distribution of TIROs across stimuli in the word-final position with release for non-native speakers of English.

(5) The Word-Final Position without Release

The TIROs in the word-final position without release are illustrated in Figure 22-Figure 24.

As shown in Figure 22-Figure 24, native speakers of English, Korean, and Mandarin Chinese commonly provided a higher TIRO with the target interval of the preceding vowel than with the target interval of the stop closure, which means that the preceding vowel is the more important interval in word-final position without release in the perception of the voicing contrast in English plosives for native speakers of English.

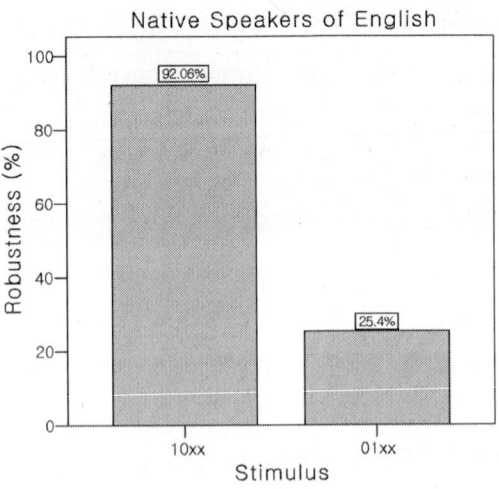

〈Figure 22〉 The TIROs in the word-final position without release for native speakers of English

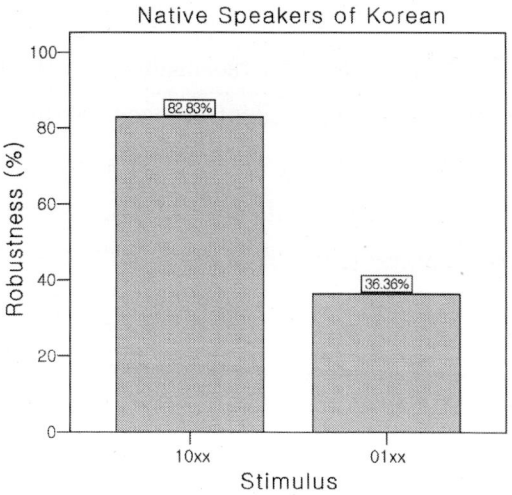

⟨Figure 23⟩ The TIROs in the word-final position
without release for native speakers of Korean

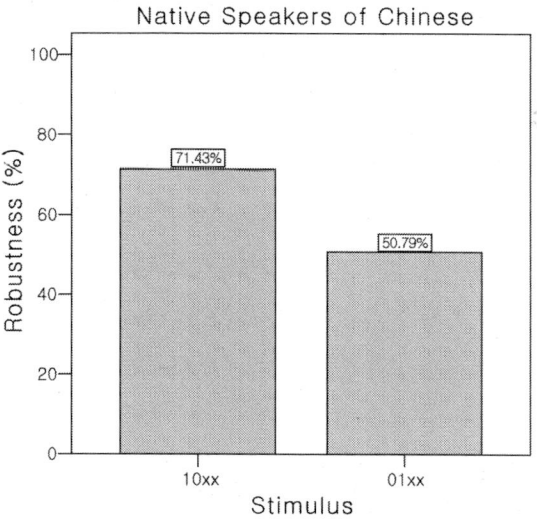

⟨Figure⟩ 24 The TIROs in the word-final position without
release for native speakers of Mandarin Chinese

Comparison of the distributions of TIROs showed that there was a significant difference between subjects' native languages in the word-final position without release at the significance level of $0.05(\Xi^2=7.082,\ df=2,\ p<0.05)$. Pairwise comparisons showed that there was a significant difference between English and Mandarin Chinese($\Xi^2=6.917,\ df=1,\ p<0.01$), while there was no significant difference between English and Korean ($\Xi^2=2.189,\ df=1,\ p=0.139$) or between Korean and Mandarin Chinese($\Xi^2=3.195,\ df=1,\ p=0.074$). This can be attributed to the fact that the TIRO of the preceding vowel decreases from highest to lowest: English > Korean > Mandarin Chinese, while the TIRO of the stop closure increases from lowest to highest: English > Korean > Mandarin Chinese.

4. CONCLUSION

The present study investigated what interval is the most important in the perception of the voicing contrast in English plosives across positions and subjects' native languages. The results of the OSRC showed that there was a substantial but no significant difference in the OSRC across subjects' native languages. The OSRC was lower with the word-medial trochaic position regardless of subjects' native language and in the word-final position(with and without release) for native speakers of Korean and Mandarin Chinese. The lower OSRC in the word-medial trochaic position can be attributed to the unique stress pattern in the word-medial trochaic position in English which leads to an obscure distinction of the voicing contrast. The lower OSRC in the word-final position for non-native speakers of English seems to be due to the language particular phonotactics, such as no release of stops in the word-final position in Korean which also results in the laryngeal neutralization and no occurrence of obstruents in the word-final position in Mandarin Chinese.

For the TIRO, in the word-initial position and the word-medial iambic position, the release burst and aspiration was by far the most important target interval in the perception of the voicing contrast in English plosives for native speakers of English, Korean, and Mandarin Chinese. However, the TIRO of the release burst and aspiration was higher with a voiceless target interval than with a voiced target interval in the word-medial iambic positions but the other way in the word-initial position.

In the word-medial trochaic position and in the word-final position(with release and without release), the preceding vowel was the most important interval for native speakers of English and Mandarin Chinese. The same was true for native speakers of Korean except in the word-final position with release where the target interval of the stop closure was embedded in the voiced background signals was the most important. The TIROs of the target intervals also varied with the voicing identity of the background signals, such that the TIROs were higher with the voiced target intervals than with the voiceless target intervals in the word-medial trochaic position for native speakers of Mandarin Chinese and in the word-final position with release for native speakers of English, while the TIROs of the release burst and aspiration was the higher in the word-initial position but the other way in the word-medial iambic position for native speakers of English, Korean, and Mandarin Chinese.

In general, the release burst and aspiration, or VOT, plays an important role in the perception of the voicing contrast in English plosives in the word-initial and word-medial iambic positions where VOT prevails, whereas the preceding vowel does so in the word-medial trochaic and word-final positions where VOT does not prevail or is not available.

The present study was focused on what was the most important interval in the perception of the voicing contrast in English plosives in various positions. We could not determine what particular acoustic cues in what interval are the most important in the perception of the voicing contrast in English. The most important acoustic cues may be either the temporal cues, such as the duration of the interval, or the spectral cues, such as F0 and formant frequencies in the preceding or following vowels. We could not determine how strongly one particular acoustic cue is correlated with another, either. However, the present study suggests that the temporal cues play a primary and important role in the perception of the voicing contrast in English plosives, since the spectral cues manifest themselves in some intervals whatever they are. The spectral cues may play a secondary and subsidiary role in the perception of the voicing contrast in English plosives. Rather, the spectral cues may play a significant role in the identification of some other features, such as the place of articulation. These remain to be studied.

The present study can be extended to the voicing contrast of stops in other languages, such as Korean and Mandarin Chinese. More importantly, the present study can be extended to other languages where aspiration is not relevant in the perception of the voicing contrast of stops, such as Spanish and Italian. These also remain to be studied.

The present study made it apparent what strategy native speakers of English, Korean, and Mandarin Chinese take in the perception of the voicing contrast in English plosives. The findings in the present study also shed lights on pedagogical strategies. Native speakers of Korean and Mandarin Chinese should put an emphasis on the information in the preceding vowel in the word-final position when they are learning English plosives. Teachers of English as a second or foreign language should put an emphasis on the utilization of the information in the preceding vowel in the word-final position when they are teaching Korean or Mandarin Chinese students.

References

Byrd, D.(1993), 54,000 American stops, *UCLA Working Papers in Phonetics* 83: 97-116.

Cazals, Y. and Palis, L.(1991), Effect of silence duration in intervocalic velar plosive on voicing perception for normal and hearing- impaired speakers, *Journal of the Acoustical Society of America* 89: 2916-2921.

Crowther, C. S. and Mann, V.(1992), Native language factors affecting use of vocalic cues to final consonant voicing in English, *Journal of the Acoustical Society of America* 92: 711-722.

Delattre, P., Liberman, A. and Cooper, F.(1955), Acoustic loci and transitional cues for consonants, *Journal of the Acoustical Society of America* 27: 769-773.

Fischer, R. M. and Ohde, R. N.(1990), Spectral and durational properties of front vowels as cues to final stop consonant voicing, *Journal of the Acoustical Society of America* 88: 1250-1259.

Hillenbrand, J., Ingrisano, D. R., Smith, B. L., and Flege, J. E.(1984), Perception of the voiced and voiceless contrast in syllable-final stops, *Journal of the Acoustical Society of America* 76: 18-26.

Hogan, J. T. and Rozsypal, A. J.(1980), Evaluation of vowel duration as a cue for the voicing distinction in the following word-final consonant, *Journal of the Acoustical Society of America* 67: 1764-1771.

Kang, S.-H. and Park, H.(2005), A perceptual study of the temporal cues of English plosives for leveled groups of Korean English learners, *Malsori* 56: 49-74.

Krause, S. E.(1982), Vowel duration as a perceptual cue to postvocalic consonant voicing in young children and adults, Journal of the Acoustical Society of America 71: 990-995.

Lehiste, I. and Peterson, G. E.(1961), Some basic considerations in the analysis of intonation, *Journal of the Acoustical Society of America* 33: 419-423.

Liberman, A. M., Delattre, P. C., and Cooper, F. S.(1958), Some cues for the distinction between voiced and voiceless stops in initial position, *Language and Speech* 1: 153-167.

Lisker, L.(1957), Closure duration and the intervocalic voiced-voiceless distinctions in English, *Language* 33, 42-49.

Lisker, L.(1981), On generalizing the Rapid-Rabid distinction based on silent gap duration, *Haskins Laboratories Status Reports on Speech Research* SR-54: 127-132.

Lisker, L. and Abramson, A. S.(1964), A cross-language study of voicing in initial stops: Acoustical measurements, *Word* 20: 384-422.

Lisker, L. and Abramson, A. S.(1967), Some effects of context on voice onset time in English stops, *Language and Speech* 10: 1-28.

Lisker, L. and Abramson, A. S.(1970), The voicing dimension: Some experiments in comparative phonetics, *Proceedings of the Sixth International Congress of Phonetic Sciences*, Prague, Academia Publishing House of the Czechoslovak Academy of Sciences: 563-567.

Malécot, A.(1958), The role of releases in the identification of released final stops, *Language* 34: 370-380.

Massaro, D. W. and Cohen, M. M.(1983), Consonant / vowel ratio: An improbable cue in speech, *Perception and Psychophysics* 33: 501-505.

O'Kane, D.(1978), Manner of vowel termination as a perceptual cue to the voicing of postvocalic stop consonants, *Journal of Phonetics* 6: 311-318.

Ohde, R. N.(1984), Fundamental frequency as an acoustic correlate of stop consonant voicing, *Journal of the Acoustical Society of America* 75: 224-230.

Parker, D. and Kluender, K.(1986), Trading relations in speech and nonspeech, *Perception and Psychophysics* 39, 129-42.

Parker, F.(1974), The coarticulation of vowels and stop consonants, *Journal of Phonetics* 2: 211-221.

Port, R. F. and Dalby, J.(1982), Consonant / vowel ratio as cue for voicing in English, *Perception and Psychophysics* 34: 141-152.

Port, R. F.(1981), Linguistic timing factors in combination, *Journal of the Acoustical*

Society of America 69, 262-274.

Raphael, L. J.(1972), Preceding vowel duration as a cue to the perception of the voicing characteristic of word-final consonants in American English, *Journal of the Acoustical Society of America* 51: 1296-1303.

Raphael, L. J.(1981), Durations and contexts as cues to word-final cognate opposition in English, *Phonetica* 38, 126-147.

Raphael, L. J.(1995), Acoustic cues to the perception of segmental phonemes, in Pisoni, D. B. & R. E. Remez(eds.) The Handbook of Speech Perception, Oxford, Blackwell Publishing Ltd.: 182-206.

Raphael, L. J., Dorman, M. F., and Liberman, A. M.(1980), On defining the vowel duration that cues voicing in final position, *Language and Speech* 23: 297-308.

Raphael, L. J., Dorman, M. F., Freeman, F., and Tobin, C.(1975), Vowel and nasal duration as cues to voicing in word-final stop consonants: Spectrographic and perceptual studies, *Journal of Speech and Hearing Research* 18: 389-400.

Repp, B. H. and Williams, D. R.(1985), Influence of following context on perception of the voiced-voiceless distinction in syllable-final stop consonants, *Journal of the Acoustical Society of America* 78: 445-457.

Revoile, S., Pickett, J. M., Holden, L. D., and Talkin, D.(1982), Acoustic cues to final stop voicing for impaired-and normal- hearing listeners, *Journal of the Acoustical Society of America* 72: 1145-1154.

Walsh, T. and Parker, F.(1981), Vowel termination as a cue to voicing in post-vocalic stops, *Journal of Phonetics* 9: 105-108.

Walsh, T. and Parker, F.(1983), Vowel length and vowel transition cues to [+ / − voice] in post-vocalic stops, *Journal of Phonetics* 11: 407-412.

Walsh, T., Parker, F., and Miller, C. J.(1987), The contribution of F1 decline to the perception of [+ / − voice], *Journal of Phonetics* 15: 101-103.

Wang, W. S.-Y.(1959), Transition and release as perceptual cues for final plosives, *Journal of Speech and Hearing Research* 2: 66-73.

Wardrip-Fruin, C. A.(1982), On the status of phonetic categories: Preceding vowel duration as a cue to voicing in final stop consonants, *Journal of the Acoustical Society of America* 71: 187-195.

Whalen, D. H., Abramson, A. S., Lisker, L., and Mody, M.(1990), Gradient effects of fundamental frequency on stop consonant voicing judgments, *Phonetica* 47: 36-49.

Whalen, D. H., Abramson, A. S., Lisker, L., and Mody, M.(1993), F0 gives voicing information even with unambiguous voice onset times, *Journal of the Acoustical Society of America* 93: 2152-2159.

Wolf, C. G.(1978), Voicing cues in English final stops, *Journal of Phonetics* 6: 299-309.

Received: May 21, 2006
Revised: August 8, 2006
Accepted: August 11, 2006

발화-인지 실험 음성학 논문집 I

• 초판 인쇄	2006년 11월 15일
• 초판 발행	2006년 11월 15일
• 지은 이	강석한
• 펴 낸 이	채종준
• 펴 낸 곳	한국학술정보㈜
	경기도 파주시 교하읍 문발리 526-2
	파주출판문화정보산업단지
	전화 031) 908-3181(대표) · 팩스 031) 908-3189
	홈페이지 http://www.kstudy.com
	e-mail(출판사업팀사업부) publish@kstudy.com
• 등 록	제이삼 115호(2000. 6. 19)
• 가 격	24,000원

ISBN   89-534-5932-X 93740 (Paper Book)
        89-534-5933-8 98740 (e-Book)